JN064181

# 「わかる」を科学する
### ―なぜ教室にテレビがあるのか

# まえがき

　近年、教師の多忙さが取りざたされ、働き方改革のメスが学校現場にも入りました。職員室の教師机の上には1台のPCが置かれICT（Information and Communications Technology）活用も始まりました。おかげで、成績処理や教員間の諸連絡、事務関係における手間はかなり省かれるようになりました。しかし、肝心の子供たちと教師との間にある時間内での忙しさは変わっていないような気がします。

　47年前、私が小学校教師として勤務し始めた頃は、放課後、子供たちと遊ぶ時間がたくさんありました。授業中もたびたび脱線しては、その時間の学習内容を次時に送るということもありました。そのぶん、楽しく学べる学校だった気がします。

　当時は「教育の現代化」の最中でした。ところが、次第に「落ちこぼれ」等の問題から「ゆとりと充実」へ転換が図られました。そして、次は「学力の低下」等の問題で……。教育界の振り子は、右に振れ左に振れながら、授業時数の増減や教育内容の見直しが繰り返されてきました。しかしその間、教師の仕事が減らされたという印象を受けたことはありません。「ゆとりと充実」の時代の「ゆとり」は取り除かれましたが、「充実」はずっと残ったままです。そのようななか、心を病む教師も増えてきています。教育に真摯に取り組むあまり、教えることに疲れていくのです。子供にとってよかれと思うものをいっぱい抱え、一人の力では処理しきれない仕事を勤務時間を越えてやっているのです。

　教師は、もっと「教える」ということを考え直すべき時期に来ていると思います。自分が「教えられる」限界を見極めるべきなのです。そして、「できること」を楽しくしっかりやるべきなのです。

　本題から外れますが、世阿弥は、観客と演者の関係の一体化をめざし、能の所作の無駄を削ぎ落としました。利休は、一期一会の主客との関係をつきつめ、茶道の所作を極限まで簡素にしました。芭蕉は、晩年の「軽み」という風を確立するために、「五七五」のわずか17文字で日常的にある森羅万象を表現しました。

　その世界に共通するものがあります。それは、「場の雰囲気」を大事にしたということです。観客と演者、客と亭主、句会の参加者、そこの場にいる人の間に生じる雰囲気に気配りをし、そのための所作は極限まで削ぎ落としたのです。

　「場の雰囲気」は、学校の教室において、最も大切にしなければならないものの一つだと考えます。「教育は人なり」という言葉があります。解釈はさまざまでしょうが、「人間関係が大切」ということには異論がないでしょう。さらに、学校における場の雰囲気は、子供たちと教師の関係が核になっていることにも異論がないでしょう。そのように、人間関係の内にでき上がる雰囲気の重要性を認めたとき、教師の働きで見える部分と見えない部分について考えることの意味は大きなものと言えるでしょう。

　「空発問」という発問があります。見えない部分での配慮は最大限まで行い、目に見える部分では極限まで無駄を削ぎ落していくというものです。繰り返される一方的な発問や指示やお説教……。その中に、どれだけ無駄なものがあるでしょう。子供たちのためと言いながら、教師の自己満足のためのものがどれだけあるのでしょう。

　教室を変え、新たなる雰囲気をつくり出そうとする教師の精神性（=「空発問」）と世阿弥や利休や芭蕉がつくり出そうとした精神性には共通点が確かにあると感じるのです。

テレビが世の中に登場してほどなく、テレビが「子供たちの人間形成に役立つ！」と感じた人々がいました。学校放送番組が登場しました。番組を視聴した授業実践が盛んになり、それを支える教育理論も構築されていきました。それが放送教育です。

　放送教育には「夢」がありました。今までにできなかった教育ができるようになるというワクワク感がありました。それは、教師が教えても教えきれない領域に踏み込めるという期待感です。教師は、子供たちの実態に即して目標を立て、緻密な指導計画のもとに手だてを講じ、教え、学ばせようとします。でも、どうしても教え学ばせることには限界があったのです。その、限界を超えられるのが放送教育なのです。

　波多野完治は、そのあたりのことを「感性的認識から理性的認識への移行」ということとともに、「雰囲気の教育」とか「カンやコツを教える」という言葉で表現しました。およそ、「雰囲気」とか「カンやコツ」という言葉は反理性的であり、近代教育にはそぐわない感じがします。しかし、人間形成を担う教育の本質をつき詰めていくと、直観的なものや感覚的なものをおろそかにすることはできないのです。

　理性を飛び越えてしまった感覚的なもの、自分らしく思考すること、無性に行動へとかきたてる意欲、それらを意識的に扱っていくのが放送教育の真の正体です。


　埼玉県放送教育研究会では、第33回の放送教育研究会全国大会（埼玉大会）を契機に放送教育研究開発委員会を発足させ、放送教育の夢を叶えるため、そして確かな実践によってその理論の正当性を証明するために活動してきました。その30余年にも及ぶ研究活動は、多少の寄り道はありましたが、その軸をぶらすことはありませんでした。その軸こそ「意味場」と「空発問」です。これは、一般的に言われるところの教育方法や技術とは一線を画します。方法や技術を生み出すベースともなります。いわば放送教育の philosophy といってもよいでしょう。

　「意味場」とは子供たち一人ひとりがつくり出す頭の中の世界のことです。直観的なものも、じっくり考えたものも、やたらにやりたがる欲求も、それらすべてを学習の場に引き出そうという姿勢を表しています。そして「空発問」は、子供たちのその子らしさを引き出すときに無駄な教師の動きをできるだけ削ぎ落とそうという姿勢を表しています。

　「意味場」は、子供たちが「わかる」ということを第一に重視するという精神性を表現しています。そして、「空発問」はその精神性を貫くために必要不可欠の所作です。

　精神は行動を規制します。精神性が高くなればなるほど無駄な行動は省かれていきます。つまり、「意味場」を追求すればするほど授業における教師の無駄な所作が削ぎ落とされていくことを意味します。

　あたり前のようにある教室のテレビを、日常的に視聴するだけで、子供たちには「学ぶ喜び」を、教師には「教える喜び」を与えることになります。そのことを広く知っていただきたく、本書の書名を『「わかる」を科学する ―なぜ教室にテレビがあるのか』にしました。

　なお、ICT 活用 において使用する番組も「放送番組」「教育番組」「学校放送番組」「NHK for School 」など厳密に区別するべきところですが、本書は教室等にあるテレビを視聴することを原則にしているため、それらをすべて含めるものとして「学校放送番組」という言葉を多用しています。

# 目次

# 序章
# 「教授」を科学する

　「人は、人に何をどのように教えるのか？」という命題に向かい合ったとき、その基にある命題「人はどのようにわかるのか？」に突き当たります。さらには、「人は人に何が教えられるのか？」という根本的な問いも横たわります。人が"わかる"という認知のメカニズムを解明することなしに、「教える」という教授システムに入り込むことはできないのです。

　教師は教えることをあたり前のようにその仕事としています。しかし、教わる側の子供たちのわかり方がわからなければ、教え方もまたわからないのが道理です。

　本書は、「放送教育」の書です。学校放送番組を視聴することによって為せる教育について記してあります。そこには、番組を視聴することによって、子供たちはどのようなわかり方をするのか、という大命題があります。決して、どのように視聴させるかということが先行することはありません。

　多くの教育者が、「人はいかにしてわかるのか？」「人はいかにして学ぶのか」について追及してきました。そのうえで、「人は人にいかに教えるのか」という方法論に到達していったのです。それは、放送教育に限ったことではありません。

　序章では、「世阿弥」「ヘルバルト」「ヴィゴツキー」「ブルーナー」という、一見、放送教育とは無縁と思われる先人たちの知恵を借りて、「子供たちは学校放送番組からどのように学ぶのか？」「教師は学校放送番組でどのように教えるのか？」という命題の一端に迫っていきます。

## 世阿弥は学びを学ぶ者へ委ねることによって教授の限界を超えた！

### 教えられる限界
「語にも及びがたし」「心より心に伝る花」
「命には終りあり、能には果てあるべからず」
【風姿花伝】

### 学びの限界
「その風を継ぐ」「自力より出づる振舞」
「稽古は強かれ、情識は無かれ、と也」
【風姿花伝】

### 師弟関係
「元雅は、えすまじき由を申さる。
かようなことは、して見てよきにつくすべし。
せずば善悪定がたし」
【世子六十以後申楽談儀】

教える側

教わる側

### 資質
「師は、我が当時する様には教えずして、
初心なりし時のやうに、弟子を、身も心も十分に
教うる也」
「師の許す位は、弟子の下地と心を見すましてな
らでは許さぬ仔細あり」
【花鏡】

### 条件
「此芸に於ひて、大方七歳を以て初とす」
【風姿花伝】

「下地のかなふべき器量、一。
心に好きありて、此道に一行三昧になるなるべき
心、一。又、此道を教ふべき師、一」
【花鏡】

「心より心に伝る花」【以心伝心】
↓
「面白しと見るは花」

「花ト、面白キト、メヅラシキト、コレ三ツハ同ジ心なり」

「大神、岩戸を少し開き給う。国土又明白たり。神達の御面白かりけり」
『風姿花伝』第四神儀云

「此の時に当たりて、上天初めて晴れ、衆倶に相見て、面、皆明白し」
『風姿花伝』第四神儀云

●世阿弥の伝書は、能楽論です。方法論ではありません。「花」という言葉に象徴される世阿弥の能の「心」を伝えたかったのです。当然、簡単に伝わらないことは自覚していたでしょう。そこで、言葉と文字で伝えられるところは伝えきって、あとは学ぶ側の弟子の学びに委ねたのです。そして、「伝えられないこと・教えられないこと」の壁を超えていったと考えます。

世阿弥（ぜあみ）（1363 〜 1443）は、室町時代の「能」の大成者として知られています。彼は、生涯で21種の伝書を執筆したとされています。当時、それほどの伝書が執筆された例はなく、何か特殊な事情があったにせよ、「伝える」ということにかけた情熱には畏敬の念を抱かずにはいられません。最もよく知られているのが「風姿花伝（ふうしかでん）」ですが、これは父観阿弥（かんあみ）の教えを継いだもののようです。それを自身が研鑽を重ね、さらに事細かく伝えようとしたものが「花鏡（かきょう）」です。伝書執筆の目的は、観世座の能を次代につなぐということです。つまり、教え伝えていく書です。

現在、「風姿花伝」も「花鏡（かきょう）」も優れた能楽論として認められていて、教育書として読む人は少ないと思います。それは、教え方に具体性が欠けているためだと考えます。「ああしなさい、こうしなさい」ということは言っていますが、能の本質を述べている部分のほうが圧倒的に多いのです。例えば、「風姿花伝」には「公案」「工夫」という言葉が多用されています。「考えて工夫しなさい」ということでしょう。「花鏡」では「心得」「用心」、そしてさらに「工夫」が多くなります。伝える相手の成長とともに変化してきたと思われますが、「何を考えるのか」はていねいに教えるが、あとは「自ら研鑽しなさい」と言っているのです。「能の本質を教えられるが、それ以上はできない。教える限界がある。あとは習道者しだいだ」と言っているかのようです。世阿弥は、伝書によって能の本質を記し示し、その習得は学ぶ側に委ねたのです。

次のような話が「世子六十以後申楽談儀（さるがくだんぎ）」に載っています。世阿弥が、息子・元雅に「隅田川」という能に登場する母と子について語ったときのことです。「子を失った母の悲しみを演じる時は、子供の演者は登場させずに、あたかもその子がいるように演じたほうが面白い」と言ったところ、元雅は「自分にはできない」と言い、それに対し世阿弥は、「まあ、やってみなさい。やってみてどちらが良いか決めなさい」と言ったそうです。世阿弥はちょっと次元の高いところに行き過ぎたのかもしれません。だから、「教える」ということがいかに困難なことかを痛感していたのだと思います。「教える」ということは高いところから低いところへと水を流すようにはいかないと思ったのでしょう。そして教えるものと教わるものが共に同じ道を歩くという選択をしたのだと思います。だから「師は、我が当時する様には教えずして、初心なりし時のやうに、弟子を、身も心も十分に教うる也」なのです。このような教える側の姿勢は、現代の教育にも当てはまるはずです。

もう一つ、「面白い」ということについて考えてみます。世阿弥は、最も伝えたかった「花」について、「面白い」と「めずらしい」と同じ心だと言います。そして、「面白い」の語源を「古語拾遺」に求め、天照大神が閉じこもった天岩戸から出たときの人びとの顔が白く光る様子にたとえたのです。つまり「はっ、とした様子」、それは「めずらしい」と通じるというのです。「面白い」は決して「おかしい」ではないのです。

子供たちはよく「オモシロイ」という言葉を使います。その言葉は「面白い」なのか、それとも「おかしい」なのでしょうか。それは子供たちの表情を見ればわかります。子供たちが今までにない「めずらしい」事象に出会って、あたり前と思っていたことが実はとても意味深いものだったということに気づいたとき（目からウロコがはがれた状態）の表情ならば「面白い」です。世阿弥は、能を見る観客にこの表情を求めたのです。世阿弥は数々の能の制作もしています。ストーリーにも「面白い」を取り入れて、演じる姿（ビジュアル）にはっとするような芸術性を加味しているのです。まるで、優れたテレビ番組のようです。それを視聴する子供たちの表情こそ「面白い」なのです。

【表章・加藤周一校注「世阿弥 禅竹」日本思想大系 24 岩波書店 1974 年】より

**人の多面性** たくさんの側面があって一つの人格をつくりだしている

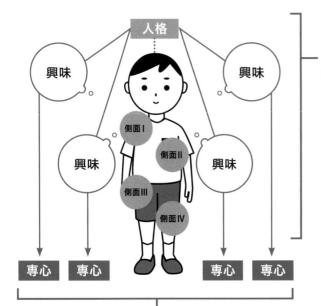

日常的なものは、一つ一つを引きはなして
深く考えなくてもすぐに理解できる

↓

「何かの技芸の道に愛情をこめてとりくん
だことのある人なら、専心ということが何
を意味するかを知っている」

人格がバラバラ？ ————————→ 「専心」と「致思」は同時に存在できない
（人格は意思の統一、集成、**致思**に依存する）　　　→ 継続的に連続して存在する

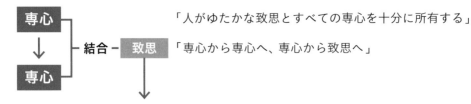

「人がゆたかな致思とすべての専心を十分に所有する」

「専心から専心へ、専心から致思へ」

↓

「結果として何が生ずるか」（結合の結果として何か矛盾するものをもたらしてはならない）

↓

「致思が一般に必要であるということを展開することであり、それ以上のことではない」

↓

「致思があれこれの専心からそのつどどのように構成されるか、ということを前もって知る」
　（心理学の事柄）　　　　　　　　　　　　　　　　　　　　　　　（前もって感知すること）

↓

**「教育的技術にとって最高の宝である教育的タクトの本質的なものである」**

---

●ヘルバルトは、人（一つの人格）が一つの対象に没頭することによって心に表れたものを、
思考することによって結び付け、その作用を連続させていくことが「学び」だと捉えたようで
す。そして、その作用を前もって感知することが教える者の技術だと言います。そこには、
教え込むという姿勢は見えません。

ヘルバルト（1776 ～ 1841）ほど、日本の教育界で誤解されている人はいないのではないでしょうか。それは、ヘルバルト学派による「5段階教授法」と、これを受け入れた当時の日本の教育界の事情に帰因するのかもしれません。5段階といっても、「分析・総合・連合・系統・方法」（ツィラー）はヘルバルトの意思を受け継いでいます。しかし、「予備・提示・比較・概括・応用」（ライン）に至っては教師の指導過程になってしまうのです。これは今日の学校現場でも生きています。例えば、「つかむ、くらべる、まとめる、広げる」といったように、学習過程をパターン化する作業です。これは一見、子供たちの学習過程風に見えますが、これを学習指導案の展開欄にはめ込んだりすると、それはもはや指導過程になります。そこでは子供の学習過程と教師の指導過程を一致させようとする作業が行われます。「導入、展開、終末」といった常識的な学習過程も、子供のわかり方の論理からすれば、指導過程の押しつけになります。子供は学んでいるのではなく、学ばされているのです。ヘルバルトの4段階教授法は子供がわかっていくメカニズムを表しています。教師はそのメカニズムを知ることによって、子供たちよりちょっと先回りできます。だからあれやこれや指示しなくても、まるでタクトを振るように子供たちを学びへと導くことができるのです。

　なにも指導過程を軽視しているわけではありません。教師の仕事が、子供の認識の過程とは無関係に、全くの指導（教え込み）にあるという考えを是正したいと思うのです。そもそも、指導と学習、指導過程と学習過程の違いはどこにあるのでしょう。指導にも学習にも目標があります。その目標が同じならば、指導と学習のベクトルは同じ方向を向きます。では、目標は決まったもの・決められたものなのか、つくっていくもの・つくられていくものなのか、どちらでしょう。これが対極にあったとしたら、2つのベクトルは背中合わせになります。それを回避するには、決まった目標・決められた目標と、つくっていく目標・つくられていく目標を「統合」する必要があります。つまり、目標は固定されたものではなく、変化していく部分もあるということです。そのバランスをとるために、人の「わかる」という仕組み、子供が「わかっていく」プロセスを知ることが教授の根底になければならないのです。そうすることによって、指導と学習は一体化します。

　ヘルバルトは、子供の認知メカニズムの中に、まず「専心」と「致思」という作用を見いだしました。これは一般的にいわれる「段階」ではありません。「専心」という作用は、次に2つの作用を導き出します。一つは、個々の物を「明瞭」に見るということです。これは物の本質を見極めるといったことでしょうか。もう一つは、「専心」から「専心」に前進して表象を「連合」するのです。これは物事のイメージが結びつくということでしょうか。この真っただ中には「想像が漂う」とも言っています。

　「致思」も次の2つの作用を導き出します。一つは、多くのものの関係をみて、そこに豊かな正しい秩序、つまり「系統」を見いだすのです。しかし、この作用は「明瞭」なしには存在しないのです。そしてもう一つは、「致思」の前進で「方法」だとします。「系統」を発展させ、新しい文節を生み出し、その徹底的な応用を喚起するとしているのです。そして、次のように続きます。

　「自己の教育的思惟を方法的に使いこなすことがどんなに大切なことであるか、ということをもしこの書物が明らかにしないなら、この書は読者に何の利益も与えないことになるだろう」……。つまり、教育者は「方法にまで陶冶する」ということを理解して実践しなければならないのです。この実践は教育者が「教育的タクト」を身に付けることにほかなりません。

【三枝孝弘訳「世界教育学選集13　一般教育学」明治図書出版　1976年】より

## ヴィゴツキーは学習者の明日の発達水準に教授・学習の可能性を見いだし、学習領域の幅を広げた！

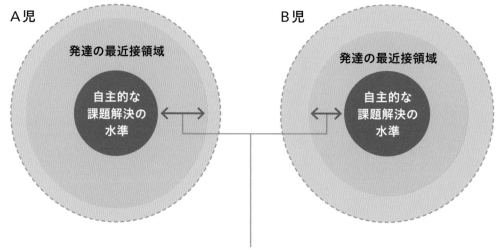

教授・学習　　　子供の発達　　　　教授・学習
尻にくっついて行く　　　　　　　　発達に先回りする

● 現在の発達水準 ——（自主的な課題解決の水準）
◒ 発達の最近接領域 ┐
◒ 明日の発達水準 ┘（大人の助けや友達との協力によって可能となる課題解決の水準）

A児　　　　　　　　　　　　　　　B児

発達の最近接領域　　　　　　　　　発達の最近接領域

自主的な
課題解決の
水準

自主的な
課題解決の
水準

（できる問題を多く解かせるよりも、教師の支援によってできる少し困難な問題を解かせる）

↓

教師の支援スキルが重要（子供のメタ認知能力を活かす）

↓

優れた社会的道具であるコトバを使って伝える（教師と子供の垂直関係）

↓

物概念の意味（内包）と、その示す範囲（外延）を表したり、現象の本質である因果関係を表したりするので概念を使った思考を可能にする。（内言・自己中心語・外言）

●ヴィゴツキーは、子供が自主的な課題解決の水準に達していなくても教師の支援によって明日の発達水準に到達できるとしました。それは、一定の発達水準に達していない子供に対して教授・学習の枠を広げたことになります。教師の支援を番組視聴に置き換えた時、「同じ土俵に立つ」ということにつながっていくと考えます。

ヴィゴツキー（1896～1934）は、子供の今の発達水準に合わせて教授・学習をする（尻にくっ付いていく）のではなく、教授・学習は子供の発達水準を先回りするべきだとしました。つまり、子供の今の発達水準に教師の支援があれば、子供はその上の水準に達することができるというのです。そして、現在の発達水準と明日の発達水準の間にある「発達の最近接領域」を見いだしたのです。10歳の水準にある子供に適切な支援をすることによって、ある子は12歳のレベルにまで達します。またある子は、11歳のレベルまで達します。前の子は2歳の、後の子は1歳の発達の最近接領域があるということです。それは子供にとって一律ではありませんが、「まだ発達していない子供には、ここまでしか教えられない」という考え方を是正して、教授・学習の幅を広げた意味には大きなものがあります。このことは、「自主的な課題解決の水準に達している子供に、自力解決できる課題をたくさん与えるよりも、教師が支援してできる程度の難しい問題を一問解かせる方が効果的」という考えも生み出しました。さらに、教授・学習を「いつから始めるか」（下限）、「いつまでにするべきか」（上限）という教授・学習の最適期についても言及しました。つまり、「あまりに遅い時期も、あまりに早い場合と同じく、教授・学習にはよくない」ということです。

　ここでは、教授と学習の区別はさほど重要視されていません。教授・学習過程と発達過程の関係を考えるほうが重要課題となっているのです。教授・学習過程と子供の発達過程は同じではないが、無関係でもないというわけです。そして、教授・学習において子供の頭の中で何が行われているのかを示すことが重要だとも言います。この点は放送教育において、番組視聴中に子供の頭の中（意味場）がどうなっているのかと一致します。

　ただし、教授・学習の手だてとして、優れた社会的道具であるコトバを重視している点は放送教育と異なります。コトバは物概念の意味（内包）と、その示す範囲（外延）を表したり、現象の本質である因果関係を表したりするので、概念を使った思考を可能にします。その概念的な思考に重きを置いたため、教師の支援の手だてが狭まりました。すなわち、映像も記号として捉えて与えるならば、発達の最近接領域はさらに広がるのではないかということです。私たちは「番組視聴は教室の子供たちを同じ土俵に上げる」ことを経験的に理解してきました（このことについては序章のあと論じていきます）。ともかくも、発達の最近接領域は教室の子供たちのすべてを一定のレベルの位置に引き上げて、学び合える根拠の一つを与えてくれたことには間違いありません。

　もう一つ、放送教育と異なる点があります。教師の手だてが援助する権威者から援助される子供に向かっているということです。つまり、「大人の指導のもとで、援助のもとで可能な問題解決の水準と自主的活動において可能な問題解決の水準との間の食い違いが、子供の発達の最近接領域を規定します」と言われるように、大人の指導・援助が前提条件になって、子供のできなかったものをできるようにさせるのです。しかし、そのとき学ぶ側の子供たちは指導されるだけなのでしょうか。反論したり、反証したり、同意したり、止揚したりするのではないでしょうか。だとすると、そこでの指導は教師と子供の垂直関係ではなく、水平関係のほうが望ましいと考えられるのです。

　教授・学習が子供の発達の最近接領域を創造するといった場合、その教授と学習は相互に関係し合い、ある時はその教授作用を学習者に委ねることも考えられるのです。教授と学習の内容と質をそれぞれ別に考え、それを統合することによって子供たちの学びを考えていけば、発達の最近接領域は違った広さと形を示すと考えます。

【土井捷三・神谷栄司訳、ヴィゴツキー「『発達の最近接領域』の理論」三学出版　2003年】より

# ブルーナーは子供の潜在的な学ぶ力を信じて
# 学習レディネスはつくり出すことができるとした！

「どんなものでもたいてい年少の子供たちが理解できる言葉で与えれば、子供たちは大人より早く学習する」

「よく知れば知るほどよく教えられる」　　手ごたえのある「媒介になる質問」

（番組は教えることをよく知っている）　　　（番組が問いかける）

「教科の学習は三つのほとんど同時的な過程を含んでいると思われる」
「どの教材を学習する場合も、そこには普通一連の"エピソード"（まとまりの重要な学習経験）がある」

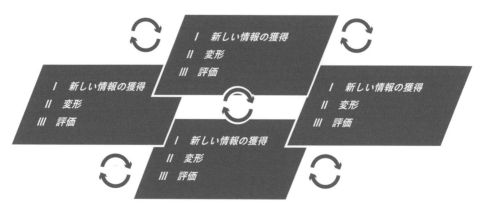

「単元はもともと学習エピソードの重要性を認める意味のものである」

Ⅰ　新しい情報の獲得：ひとがそれとなく知っていたもの。はっきり知っていたことと反対なものなど

Ⅱ　変形：知識を操作して新しい課題に適合させる過程

Ⅲ　評価：情報を操作した方法がその過程に適切であるかどうかを照合する

●ブルーナーは、教科の構造と子供のわかり方をつなげて考えました。それは、教師が教科の構造を理解することによって、教師は子供の考えていることや言っていることをきちんと理解できるということです。子供たちのダイナミックで多様な見方や考え方や扱い方を教師が理解するということはいかなる場合でも重要なことです。

筆者が教職に就いた年（1973年）、日本の教育界はまだ「教育の現代化」の中にありました。赴任校の学校課題研究のテーマも、「算数科における意味とつながりの追究」だったと記憶しています。つまり、「学習の構造化や系統性」を重視した研究実践が行われていました。そのときのテキストの一つが「教育の過程」の訳本でした。そして、子供たちの学習に対するレディネスができ上がっているものではなく、つくることが可能なことだということを学び取ったのです。そのうえで「教師が算数を知る」ことが求められました。教師が教科の学習構造を知らなくては学習過程も見つけられないということです。「水道方式」などといったものもテキストに加わりました。

　「教師が算数を知る」ということは、「優れた算数学者が教えるとうまくいく」ということではありません。専門職としての教師が、各教科に精通することが教授の条件になったのです。そこでは、教科書に示された学習過程の意味を検討し、時にはその順番を変えながら授業実践は進められました。教師は、教科書によって与えられたものを上手に教えるのではなく、教え方、とくに教科内容の構造を理解したうえで学習の過程をたどることが要求されたのです。「教えることが楽しい」、そんな時代だったような気がします。

　さて、当時と現在を比べるのは横に置いて、なぜ楽しかったかということについて考えてみます。それは、子供たちの導き出す答え（応え）がよくわかっていくことにあった気がします。一人ひとりの子供の違った反応の意味や根拠を教師が理解できるのです。逆をいえば、子供たちも問題や教師の言葉の意味を理解しているということです。そこには、学ぶ者同士の「対話」が成立していました。教師は、単に教えるだけの存在ではなく、「共に学ぶ」存在としてあったのです。

　この教師の存在を学校放送番組に置き換えてみましょう。優れた学校放送番組は、教科に精通した制作者が優れたスタッフと共に創り上げています。だから子供たちは「わかる」のです。そのわかるは番組との「対話」によってもたらされます。子供たちは優れた教師（学校放送番組）と共に学んでいます。番組視聴後の子供の頭の中には、その知的な学習体験が詰まっているわけです。そのとき、教室にいるもう一人の優れた教師はどうしたらよいのでしょう……。

　ブルーナーは、教科の学習には、新しい情報の「獲得・変形・評価」という三つの過程をほぼ同時に含んだ「学習のエピソード」がいくつかあって、一つのエピソードは前に学習したことを呼び起こして、その学習経験を越えて一般化させると言います。一般化は、単純に評価の次に来るものではないのです。学習過程が教科の構造によるのならば、それは一つのライン上にあるのではないのです。「導入・展開・終末」という授業の過程も、面のつながりや重なりとして捉えるべきなのです。

　これは、番組の構造にも似ています。優れた学校放送番組も、流れが一本ではありません。いくつかの塊（エピソード）があって、その一つひとつに子供たちにとっての新しい情報の獲得・変形・評価という過程がほぼ同時にあるのです。それらが重なりあったり、反目しあったり、統合しあったりしながら進行していきます。だから、学校放送番組は1単位時間だけの内容だけで制作されてはいません。番組を視聴することは、その単元の構造を学んでいるといっても過言ではありません。

　そのように考えると、放送教育でも、まず子供たちが番組を視聴することによってどのようなわかり方をするかを知らなければなりません。メディアの活用も、メディアのもつ教育的特性を理解したうえでその方法を考えるべきなのです。

【鈴木祥蔵・佐藤三郎訳、J. S. ブルーナー「教育の過程」岩波書店　1963年】より

# 第1章
# 学校放送番組の教育力を受け止める

　第1章では、「放送教育」を数多ある「メディア活用」「ICT活用」と区別することから始めます。
「放送教育」もテレビというメディアを介した教育であることには違いありません。 また、
information and communications technology を活用した教育であることもまた間違いでは
ありません。 しかし、それらの限りなく広がっていく外延によって「放送教育」の本質が見失
われてしまっていることもまた事実です。テレビ番組を視聴したり活用したりすれば、すべて
「放送教育」だというのは乱暴なことであり、「放送教育」が持っている本来の良さや意義は失
われてしまいます。

　坂本彦太郎氏は「視聴覚材（財）」のことを、「美術・科学・文学などの文化財の領域とならん
で、れっきとした文化財の一領域を形づくっている」と評しました。 優れた学校放送番組は、
まさに「視聴覚材（財）」であり、文化財なのです。 いま、ICT や AI が急速に発達していく中
で、私たち教師は、番組制作者は、このことを踏まえて本筋を見失わないようにしなければな
りません。 そうすることが、教育現場でも ICT や AI を十二分に活用できることにつながると
思います。

　優れた学校放送番組には、とてつもない教育力が潜んでいます。 その力と受け止め方を明
らかにします。

## ICT 活用は Communication tool と Communication field に区分される！

ICT（information and communications technology）活用

情報 ⟷ 通信 技術

→ ICT① communication tool：メディア（＝情報及び媒体）を伝達のための道具として扱う
　　　　　　　　　　　　　　→ **教えるための ICT 活用**

→ ICT② communication field：プログラムされた情報（＝番組）を学ぶ場として設定する
　　　　　　　　　　　　　　→ **学びを委ねる ICT 活用（形象との対話）**

ICT①と ICT②を、**全く別のものとして区別する**（ベクトルが真逆だから）

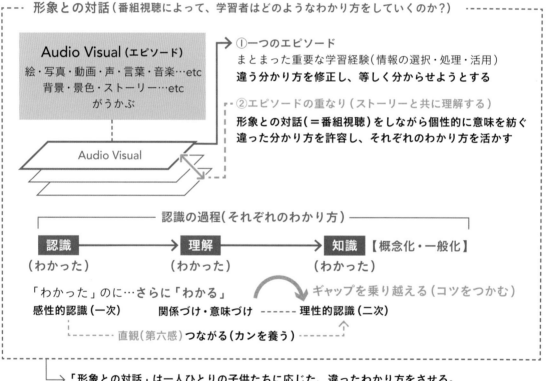

形象との対話（番組視聴によって、学習者はどのようなわかり方をしていくのか？）

**Audio Visual（エピソード）**
絵・写真・動画・声・言葉・音楽…etc
背景・景色・ストーリー…etc
がうかぶ

Audio Visual

①一つのエピソード
まとまった重要な学習経験（情報の選択・処理・活用）
**違う分かり方を修正し、等しく分からせようとする**

②エピソードの重なり（ストーリーと共に理解する）
**形象との対話（＝番組視聴）をしながら個性的に意味を紡ぐ**
**違った分かり方を許容し、それぞれのわかり方を活かす**

認識の過程（それぞれのわかり方）

| 認識 | → | 理解 | → | 知識 | 【概念化・一般化】 |

（わかった）　　（わかった）　　（わかった）

「わかった」のに…さらに「わかる」　　　ギャップを乗り越える（コツをつかむ）
感性的認識（一次）　　関係づけ・意味づけ ------ 理性的認識（二次）

直観（第六感）つながる（カンを養う）

→ **「形象との対話」は一人ひとりの子供たちに応じた、違ったわかり方をさせる。**
　 **それは、プログラムされた映像と音像と学習者が思い思いに対話しているから**

●IT は、その発達によってコミュニケーションツールとしての役割も担うようになりました。そこで、ICT 活用ということになるのですが、その捉え方が広範囲におよび、何でもその範疇に入ってしまうような状態です。そこで、無益な混乱を避けるために、ICT 活用を「教えるための ICT 活用」と「学びを委ねる ICT 活用（放送教育）」を分けて考えます。二つは、活用のベクトルが真逆だからです。

番組には、わからせる働きがあります。単なる情報の集合体ではありません。いくつかの重要な内容（エピソード）がつながったり重なりあったりしてストーリーを構成しています。番組視聴とは、そのストーリーをたどることで認識を深めていく学習行為です。番組は、視聴する者に語りかけます。語りかけられた視聴者もそれに応え、番組に語りかけています。それを「形象との対話」と言います（昭和56年の第32回放送教育研究会全国大会：山口大会において蛯谷米司氏らが中心となって提唱された）。

　学校放送番組と対峙した学習者は、番組とコミュニケーションをとっているのです。形象との対話は、視聴者自らを学びへの構えをもつ学習者に変貌させます。ICT活用が学びへの場の設定と考えれば、放送教育は究極のICT活用だといえます。

　「IT」という言葉が世に出始めてからほどなくして、IとTの間にC（Communication）が入り込みました。もともとInformation、つまり情報には一方通行的な性質を欠点の一つとする考え方がありました。双方向の重要性は、情報教育の必要性が叫ばれたときから指摘されていたのです。ところが、ITの発達はCommunicationさえも可能にしたのです。すなわち、Information and Communications Technologyです。

　視聴覚教育やメディア教育という言葉は、「ICT活用」という言葉に置き換えられました。そして、「テレビ学習」や「放送学習」、「放送教育」という言葉もその中に取り込まれていったのです。

　いまや、タブレット端末は身近なコミュニケーションツールとして、至るところで活用されるようになりました。さらに、テレビの大型化は手のひら上の画像を大きく映し出すディスプレー機能をテレビに与えたのです。そして、教室のテレビも20インチ程度から50インチ以上になりました。教室のテレビは、受像機として以外にも、さまざまな教育活動で活用されるようになったのです。

　視聴覚教育やメディア教育の場合、情報の伝達手段と情報そのものが一体化している場合が多く、メディアの活用がそのまま情報の活用になるという側面がありました。だからITがICTになったおかげで、その活用の可能性はさらに広がったと言えるでしょう。

　しかし、放送教育はRadio-Television Educationといわれるように、ラジオ番組聴取やテレビ番組視聴することによって為せる教育です。番組（メディア＆情報）そのものを道具ではなく、教材として見たのです。つまり、番組を活用するというよりも、視聴して学ぶという意識のほうが強かったのです。放送教育理論をいち早く確立した波多野完治氏は、放送教育に「雰囲気の教育」や「カンやコツを学ぶ」という、今までの教育にはできなかったことへの可能性を示唆しました。それは、Technologyの活用というより、テレビに学びを委ねることなのです。そうなると、「放送教育はICT活用なのか」という疑問がどうしても生じてきます。テレビも番組も「ICT」と言い切ってしまえばそれでよいのですが、それでは放送教育の本当の良さや個性がボケてしまう気がするのです。そこで、ICT活用を「教えるためのICT活用」と「学びを委ねるICT活用」にはっきりと区別したほうがよいと考えたのです。

　同じディスプレーに映し出されていても、学校放送番組という情報源とコミュニケーションツールとして活用される情報源とは全く別の物と考えたほうがすっきりするのです。そして、コミュニケーションの仕方も質も違ったものとして扱ったほうが、両者にとってもそれぞれ最良のICT活用になるはずです。

## 「教えるための ICT 活用」と「学びを委ねる ICT 活用」は 背中合わせに進んでいく！

**" よいとされる授業 " の一例**

| 導入1 | 導入2 教材提示【問題把握】 | 問題解決 | 体系化【まとめ】 | 応用 |
|---|---|---|---|---|
| 新しく学習する内容に関連する既有の知識を想起させ、学習への意欲を高める | 新しい教材を提示し、問題をつかませる | 既習の事柄や新事実と関連づけて、問題を解決させる | 既知のことと新たに獲得した知識との関連づけ・意味づけを図り、両概念を結びつけさせる | 体系化された知識を具体的事実にあてはめさせる。適応問題 |

情報を加工・処理する（教師の指導技術を駆使する）更なる技術革新を追及する（ITの最大活用）

教えるための ICT 活用＝教師の指導技術に委ねる

情報とコミュニケーションの一体化は必須！
対話（協働「共働」＝相互作用）は、ICT 活用に強いインパクトを与える！
教師の思惑通りにはなかなか展開しない！そこで道は二つに分かれる

学びを委ねる ICT 活用＝学習者の学びを活かす

番組を視聴する（教師の指導は最小限）
子供の " わかり方 " によって授業の流れが変わる
" よいとされる授業 " 常識とのギャップが大きい（番組次第）

**" よい学校放送番組 " の一例**（番組がよい授業となっている）

| 導入1 | 導入2 教材提示【問題把握】 | 問題解決 | 体系化【まとめ】 | 応用 |
|---|---|---|---|---|
| 新しく学習する内容に関連する既有の知識を想起させ、学習への意欲を高める | 新しい教材を提示し、問題をつかませる | 既習の事柄や新事実と関連づけて、問題を解決させる | 既知のことと新たに獲得した知識との関連づけ・意味づけを図り、両概念を結びつけさせる | 体系化された知識を具体的事実にあてはめさせる。適応問題 |

●ICT を活用するにはそのインパクトの強さゆえに、どの様な使い方をしても難しさが伴います。そこで、教師が情報を加工・処理したり、情報技術を駆使したりするのか、それとも指導は最小限にして情報（番組）に委ねるのかで道が分かれるのです。

さらに ICT を communication tool と communication field に区分する意味について話を進めます。

　なぜ、ICT を活用するのでしょう。それは、ICT の持つ教育力を活用して、「豊かな情報の獲得」「コミュニケーション力の向上」「わかりやすさ」、そして「学習の効率化」などもねらって学習改善を図ろうとするからでしょう。それは、一般的に導入・展開・終末という学習過程に合わせて ICT 活用の場を組み込むようにして行われるでしょう。

　ところが、そう簡単にいきません。それは、「情報の豊かさ・コミュニケーション力の向上・わかりやすさ」と「学習の効率化」とが結び付かないからです。情報が豊かであればあるほど、子供たちは多様な捉え方をします。子供たちのコミュニケーション力が向上すれば議論が沸騰していきます。わかりやすさは、関係づけや意味づけを活発にさせ、思考を広げます。それらは学習の効率化を妨げて、教師の思惑をもはるかに超えてしまいます。導入・展開・終末の流れさえも簡単に壊してしまうのです。それを教師の思惑通りに進めようと力で無理に抑え込んでしまえば、それはもう「教え込み」になり、ICT 活用の本来の意味は損なわれてしまいます。

　ICT 活用は学習をダイナミックに展開させます。それは情報と対話と技術が一体化することによって、学習を広げていくからです。まず、時間的な存在である導入・展開・終末という学習過程を崩します。次に、学習内容の枠を超えます。さらに、学習は異なった学習内容との結合をはかり、多方面に発展していってしまうのです。

　ここで、指導の二つの方向性が出てきます。まず一つは、決められた学習過程の枠内に収めるために情報の獲得を制御したり、コミュニケーション活動をある程度制限したりするのです。ツールの扱いも技術を駆使してさまざまな手だてを講じていきます。「教えるための ICT 活用」です。一般的な活用方法かもしれません。

　もう一つは、活用という概念を捨て去るのです。ICT に対峙した学習者は新しい情報（なんとなく知っていたもの、未知のもの、付加されていくものなど）を獲得すると同時に、形象との対話により、自問自答しながら関係づけや意味づけを図り、認識を深めていきます。それは時に学習過程の枠を超えてしまいます。ICT そのものが教材となり、学びの場が設定されます。それは教師の指導の手から一時離れることになります。ですから、「学びを委ねる ICT 活用」なのです。

　この二つは進む方向がまったく逆なのです。それを同じ ICT 活用だと捉えてしまうと、無益な対立が起こってしまいます。見ている方向が違い、真逆に進むものがそれぞれを論じ合っても徒労に終わります。ここでは、「教えるための ICT 活用」と「学びを委ねる ICT 活用」をはっきり区分することにします。

　本書は「学びを委ねる ICT 活用」、つまり「放送教育」の書です。放送教育は半世紀も前にラジオ・テレビの出現とともに、まったく新しい教育の分野として誕生しました。それは放送でしかできない教育であり、従来の指導の常識を覆すものでした。しかし、近年、子供たちの学力向上と教師の指導力が重要視され、放送教育の本来の理念が薄れてきています。ただ、今日の ICT 活用はもう一度放送教育の重要性を見直すチャンスです。放送教育は、子供たちの真の学力向上と教師の指導力の向上にも資するものです。

# よい授業というのはていねいに教え込まれた授業だけではない！

## "よい授業" の一例

| 導入 1 | 導入 2 教材提示【問題把握】 | 問題解決 | 体系化【まとめ】 | 応用 |
|---|---|---|---|---|
| 新しく学習する内容に関連する既有の知識を想起させ、学習への意欲を高める | 新しい教材を提示し、問題をつかませる | 既習の事柄や新事実と関連づけて、問題を解決させる | 既知のことと新たに獲得した知識との関連づけ・意味づけを図り、両概念を結びつけさせる | 体系化された知識を具体的事実にあてはめさせる。適応問題 |

↓ ↓ ↓ ↓ ↓

**一人ひとり違った子供たち（実態）**

↓

### 予想される（期待する）子供たちの反応を列挙する！

下位から上位へとランク付けされる

（どこに重点を置くか？） ↓ （学習過程が決まる）

### 教師の思惑通りに展開しようとする！

## ▌子供たちの学習状態

自力で越えられるハードルの高さによって、学習に対する子供たちの満足度が異なる。教師がワークシートなどを使って自力解決できる問題の解答を誘導しても子供たちは学ぶ喜びを得ることはできない

わからない・できない ／ 支援があればわかる・できる ／ わかる・できる

**超えるハードルの高さが違う**（自力で越えた喜びが必要）

## ▌教師の誘導

（学習者の格差をならしてしまう）

**わかりやすく、丁寧に教えたつもりでいる**

（利用された反応・役立った反応）

**子供たちは見抜いている！**

↓

教師の期待する答えを見つけようとしてくる

---

●「授業の主体は子供たちか教師か？」という論議が盛んに行われた時期がありました。初めは"子供たちだ"という意見が多かったのですか、次第に"授業の主体が教師でなぜ悪い"という意見が盛り返してきました。そもそも、"授業の主体は？"などと考えること自体、教師主体なのですから当然の成り行きでした。

この問題では、"授業とは？"を問う前に"子供たちと教師とは？"ということをまず解決しなければならないのです。そして、何よりも"子供たちはどのようなわかり方をするのか？"ということを始めに考えなくてはいけないのです。一人ひとりの子供たちがわかっていく過程に寄り添っていくことこそ教師の重要な役割の一つだと考えます。

では、「学びを委ねる ICT 活用」（つまり、放送教育のことです。 放送教育という呼び方については このあと論じていきますが、とりあえずここでは「学びを委ねる ICT 活用」のことを従来通り「放送教育」と呼んでいきます）が、一般的な「よいとされる授業」なのかについて考えてみます。

　番組視聴は「形象との対話」だということは前述しました。 ということは、番組視聴はコミュニケーションフィールド、つまり「対話の場」になっているということです。 そこには対話の基になるエピソードがあります。「一つのまとまった重要な学習経験」です。 視聴者は、その経験のまとまりから情報を得て、個々の体験や知識や感覚などを基に関係づけや意味づけを図り、自己評価しながら新たな概念を形成していきます。 その行為には一定の流れや法則はありません。 ほぼ同時的に、四方八方に広がりながら進行するといっても過言ではありません。

　「学習過程を無視するのか」と思うかもしれません。「概念形成には一定の過程があり、その過程を学習者に上手に辿らせるのが教師の役割だ」とも思うかもしれません。 しかし、子供たちはある情報を得たとき、瞬時に「わかった」と思弁することがあります。 そして、それが意外にも論理的な思考の果てにたどり着いた結果と同様か、あるいはそれ以上のものだったということも起きます。 また、考えながら振り返り、行動しながら成果を確認・評価していることは日常的にも行っているのではないでしょうか。

　情報の獲得とその情報の加工や変形と評価は、ほぼ同時に子供たちの中で起こっていると考えられるのです。 そんな子供一人ひとりのダイナミックな思考活動を、簡単に一教師が制御できるはずがありません。

　教師は日常的な授業において、学習目標への到達のため子供たちからの期待する反応を列挙し、並び替えて学習過程を設定していきます。 教育というシステムを考えたとき、学習内容を効率よく子供たちに習得させるために、認識の過程のモデルを示すことは至極当然のことでしょう。 しかし、それが学習のすべてだと考えることは危険なのです。 弊害もあるはずです。

　たとえば、期待される反応を考えることは「反応」にランクを付けることになります。 良い反応とそうではない反応を選択し、取り上げられたものだけが採用され、板書されていきます。 その先に到達点があり、子供たちはその到達度によって評価されます。 子供たちは考えます。「先生が期待している答えは何か？」「先生を喜ばせる答えは何か？」……。 その答えにランクが付けば、当然解答者である自分もランク付けされることに気づいてきます。「忖度」することも覚えます。 そこには、「忖度」されることに快感を覚える教師の姿もあるでしょう。

　それが間違いだとは思ってはいません。 学習目標達成のため、緻密な学習計画に沿って確実に歩んでいくことは当然のことです。 子供たちの発達の最近接領域を捉え、個別学習を取り入れることもあるでしょう。 ただ、子供たちのわかり方はもっとダイナミックだと言いたいのです。 常識的ではない学習も存在するということを言いたいのです。 今も、これからも、"あたりまえ"とされていく教育のほかに、今までの教育ではできなかった優れた授業があるのです。 それが「放送教育」です。

　放送教育は、子供たちのランクを払拭してしまいます。 そして、子供同士の関係を一変させます。 子供たちはみんな、今もっている能力、今ある環境、今までの経験、そして今の感性のまま、同時に学習をスタートさせることができるのです。 子供たちをみんな同じ土俵に上げることができるのです。

# 番組視聴はその前にある学習への構えをリセットする！

**▌子供たちを同じ土俵に立たせる**

**▌45分1単位の授業をモジュールのように扱う（前の学習はリセットされる）**

**▌番組のわからせるという働きを弱めて、教師が思い描く学習過程に組み込む（学習が分断される）**

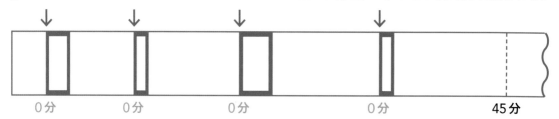

**▌コミュニケーションツールとしての活用（番組を資料として扱う）**

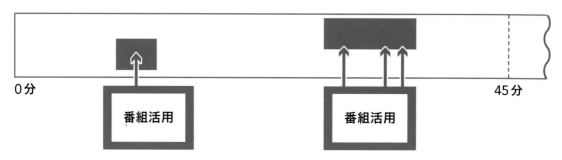

●学校放送番組を番組として視聴すれば、それはすべて0分スタートです。そこから学習活動が始まるという意味です。学校放送番組を、ツールとして活用するのは番組を視聴するのではなくて番組にある情報の取り出しです。そこが、ICT①とICT②の違いです（p.18参照）。

放送教育では以前から「０分スタート」ということが言われてきました。 この「０分」の意味ですが、今は番組活用の一つの手段として捉えていることが多くなっているような気がします。 しかし、番組視聴の前に指導や学習を行わない方法が「０分スタート」ではありません。

　以前はよく、番組視聴前に何某かの指導の時間を使うのはもったいないし、無駄・無意味だと言われました。 なぜ、無駄なのでしょう。 それは、番組には起承転結、ストーリーがあるからです。 番組のテーマ曲や出だしの映像が視覚と聴覚に飛び込んできた瞬間に、子供たちは学習者になります。 学習の構えができて、そのフィールドに引き込まれていきます。 そこは新しい教室であって、元の教室ではないのです。 番組の創り出した世界へと飛び込んで行くのです。 そして、視聴前にあった世界はリセットされます。「今日の学習は〜です」「〜について、しっかり見ましょう」なんて言葉はすっ飛びます。 その言葉が黒板に書かれていたとしても、番組から離れてその文字に目を向けることはないでしょう。

　では、番組視聴が一単位授業の最初ではなく、中ほどや終りの部分にあったらどうでしょう。 番組視聴が違う世界への入り口と考えれば同じことです。 それまでの学習はリセットされます。 学習者にとって、番組視聴前の学習と番組視聴がつながることはありません。 教師が懸命につなげようとしても、違う世界に入っていった学習者は容易に元に戻ることはできないのです。 学校放送番組はわからせる働きをもった一つの構造体です。 一見無意味とも思える情報にも、わからせるために仕込まれた情報のつながりがあるのです。 番組視聴前に指導したり、学習の途中に番組視聴したりすることは、45分を1単位とする授業を短い単位に区切ってしまうということなのです。

　さらに、番組を加工して視聴する場合はどうなのでしょう。 それは、加工されたものが番組としての体（てい）をなしているかによって違います。 わからせる働きでなく、「百聞は一見に如かず」的に見て教えるために利用するのならば、それは番組視聴ではなくなります。 したがって、いきなり見せたとしても「０分スタート」とは異なります。 単なる資料提供です。

　もう一つ、番組を「ツール」として活用することもあります。タブレットやディスプレーと番組とを組み合わせて伝達するだけでなく、コミュニケーションツールとして機能させるのです。 番組の中にある情報のいくつかを取り出して、自分が伝えたい情報として発信し直すのです。 それを複数人でやり取りをすることによって、コミュニケーションを図ります。 これも、資料提供ならば番組はツールになるのであって、番組視聴ではありません。

　繰り返しますが、このように考えたとき、ICT活用を２つに分けてしまって、まったく別なものがあると考えたほうが気も楽になります。ITがいくら進化したところで、学校放送番組は「番組」（プログラム）なのです。 番組は始めから最後まで視聴するものです。「視聴」すること以外の使い方は、放送教育とまったく別のものとして扱ったほうが混乱しません。

　ICTをコミュニケーションツールとして活用することによって、教育の可能性は広がりました。 さらに、AIの発達と相まって進歩していくでしょう。 期待は膨らみます。 でも、変えない、変えられない教育もあります。 放送教育を変えていく必要は、いまのところどこにもないのです。

## 一人ひとりの違った子供たちを協働（共働的）に同じ土俵で学ばせる！

### 学習対象に集中する

| 静的 | 動的：アクティブ　感性的認識 |
|---|---|
| 立つ位置・見ている方向も同じ | 立つ位置・見ている方向が違う |

はみ出ている

「番組視聴」
教材という土俵が広がる

教材（ICT）

学習対象を限定する
他との混乱を避ける
一本化する

関連するすべての事象に関心を向ける
今ある知識、経験、感性をフル稼働する
直観も加えて事象を関係づけたり意味づけしたりする

### 2

### 関係づけたり意味づけしたりする

得た知識と既習の知識とを関係づける　得た知識の意味づけを図る

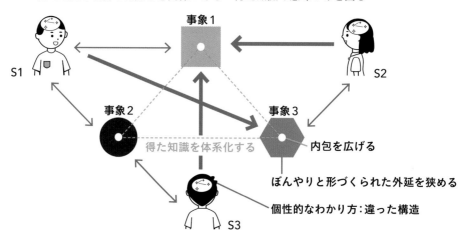

事象1

S1

事象2

得た知識を体系化する

事象3

S2

内包を広げる

ぼんやりと形づくられた外延を狭める

個性的なわかり方：違った構造

S3

想像（直観）も加えて理解したことを理論的な枠組みの中に矛盾なく位置付ける

系統性を見つける　新しい事象に対しても方法的に適用する　理性的認識

●子供たちのわかり方（認識の過程）を線でなく面で捉えます。すると、わかり方に幅がうまれます。どんなわかり方をしても、自分のわかり方を生かしていく方法がそこにあります。

さらに「放送教育」について詳しく考えていきます。学習には「教材」が必要です。通常、教材は精選されます。学習目標に照らし合わせて、効果的に学習が進められるようにするとともに、余計な方向に目が行ったり、無駄なことに労力を費やしたりしないようにするためです。適当に狭められた枠組みの中で、子供たちの立ち位置や見る方向は限定されていきます。中にはそこからはみ出してしまう者もいるでしょう。さまざまな個性を持った子供たちのすべてを教材の枠の中に入れることは難しいものです。子供たちをなんとか目標に到達させようとすればするほど、一定方向に導くための教材の精選は必要になります。しかし、違ったやり方もあるのです。

　それは、子供たちを到達目標に向けて段階的に導いていくという、これまでの発想を変えるのです。前述したように、子供たちがわかっていく過程を線（時間）ではなく、面（空間）で捉えていくのです。いくつかの面を設定することによって、それぞれに「専心」を生じさせるのです。

　学校放送番組には多種多様な情報が盛り込まれています。それらは独立してあるのではなく、さまざまにつながり、ストーリーを生み出しています。子供たちは、ストーリーをたどっていくうちに、自分の経験や能力や感性などに従って、関係づけや意味づけを行い、認識を深めます。ストーリーが教材になります。そして、すべての子供たちがその教材の枠の中に入ります。いわゆる「同じ土俵」の上に立つのです。ただし、子供たちの経験も能力も感性も異なるため、認識の道筋は一様ではありません。土俵のどこに立って、どちらを向いているかは個性的になります。学習内容のどの部分に着目し、他の部分とつなげ、自分らしく理解していくかは同じではありません。この自分らしい理解は社会的に一般化された知識とは違っている部分もあります。これは「感性的認識」と呼ばれています。

　感性的認識は理性的認識へとグレードアップする必要があります。番組視聴後の子供たちの頭の中には、得た知識と個々にある既習の知識を関係づけしたものと、得た知識を自分なりに意味づけしたものとが構造的に組み立てられています。それを学習者同士が突き合せると、同じ番組を視聴したのに違った見方や考え方、扱い方があることに気づきます。すると、自分が「わかった」と思っていたことがそうではなかったことに気づいたり、新しい視点で物事を考えたり、ぼんやりとわかっていたことがより鮮明になったりしていきます。何となく形づけられたいくつかの事柄のそれぞれに内包されているものに目が向き、新たな知識の獲得とともに知識を体系的に捉えることができます。これで感性的認識は「理性的認識」へと向かっていきます。

　放送教育において、「わかる＝認識」ということを「感性的認識」と「理性的認識」とに分けて考えることを提唱したのは波多野完治氏ですが、その意味はいくつかあります。

　1つ目の意味は、前述したように、子供たち一人ひとりの個性的な「わかり方」を引き出しつつも、全員を教材の枠の中に立たせることができるということです。

　2つ目は、わかることから学習をスタートさせることができるということです。わかるからこそ、わからないものが見えてきたり、先につながる学習に意欲を持てたりするのです。

　そして3つ目が、わかり方、つまり見方や考え方や扱い方は決して一つではないということを実感させることができるということです。それは、さらなる知的好奇心を生み、次なる知識獲得への意欲となっていきます。

　これらは、学習での認識過程を1つの線上の時間的存在としてではなく、空間的存在として多様に捉えるからこそできることなのです。

## 一人ひとりの違った子供たちのわかり方は重なり合う場で意味を紡ぐ！

**― 土俵（これも意味場）―**

空間（field）に点在する思考の点を結んでいく＝学習過程

空間・場（field）（これも意味場。エピソードと言い換えてもよい）

意味を紡ぐネットワーク

学習過程

空間（field）を行き来しながら、子供たちは自力で道を見つける（関係づけ・意味づけ）ことができる（アクティブラーニング）

**― 教師の仕事 ―**

次々とつながって展開される学習（子供の認識の過程）を察知して、
目的に導くことが教師の仕事（指導技術）
＝
教育的タクト（空発問）

教師＝学習者の思い（関係づけや意味づけをしながら意味を紡ぎだす）を聴きながら、受容し、整理し、つなげ、共働し、学習者が紡いだ意味を、今一度学習者に戻すことにより場を狭めていく

学習者＝網の目のように張り巡らされたネットワークを行き来しながら道筋を見つけ、場を広げていく

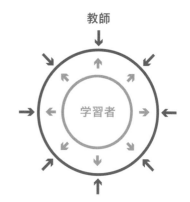

●子供たちが意味を紡いでいく場は、複数のエピソードが重なり合ってネットワークを構築しています。そこを行き来しながら、子供たちは認識を深めていきます。

一つのエピソードやその重なりの空間を「意味場」と呼んでおきます。この言葉は、昭和56年度の第33回放送教育研究会全国大会（埼玉大会）で提唱された言葉ですが、ここでは学習過程を空間的存在として捉えるということで、「意味を紡ぎだす場」といった程度の意味で使っておきます（あとで詳しく説明します）。

　この意味場、いろんなところに、いろんな形で存在します。「いろんなところ」というのは、番組も意味場ですし、学習共同体としてのクラスも意味場です。そして何より、一人ひとりの子供たちの頭の中が意味場です。「いろんな形」というのは、一つの場としての意味場もあれば、複数の意味場が重なり合ったりつながったりして、層を成しているものもあるのです。

　この意味場には、いくつかのエピソードが存在します。まとまりのある一つの重要な学習経験が点在しているのです。つまり、意味を紡ぎ出していく過程で関係づけや意味づけをしていく場が複数あって、それらが重なり合っているということです。そこを子供たちは自在に行き来するのです。つまり、網目（ネットワーク）が構成されるのです。そこでは、新しい情報の獲得とその情報の変形、評価がほぼ同時的に行われていきます。そして、さらにまとまった学習経験となるのです。アクティブな学習者の誕生です。

　そうなると、そこにかかわる教師の手だてが問題になります。アクティブな学習者に対して、教師もアクティブになったほうがよいのでしょうか……。逆です。教師は、冷静に次々とつながっていく学習者のわかり方を的確に察知し、目標に導いていくのです。まさに「教育的タクト」を振るのです。教科の内容や構造を熟知した教師が振る教育的タクトのもとでは、具体的で明確な指示や発問は不要です。それよりも、アクティブな学習者が発信するすべてを受け止め、生かしていく技量が必要なのです。表面上の教師の手だては少なければ少ないほどよいのです。自由度を得て発信されたものは、他の学習者や教師に当たって微妙に形を変え、また発信者に跳ね返ってきます。それがさらなるネットワークを生み、意味を紡ぎ出していくのです。

　一人ひとり違った、個性ある子供たちの"その子らしさ"を学習に生かしたいと思っている教師は少なくはないと思います。そのための教師の手だても考えます。「何をどのようにしたらできるようになる？」と、技術的な方向に目が向きます。教師の願いを指導に反映するときに、教師の技術（手だて）を考えるのは当然です。ところが、この技術の中には、はた目には何もしていないように見えて、そのじつ、高い効果を上げている技術もあるのです。「空発問」がその一つです（詳しくは後述します）。鋭く核心を突くような、練りに練られた発問とは真逆な曖昧模糊とした発問です。ところが、この発問はなかなか教育現場において市民権を得られません。高等な教育技術といっても理解されません。理由は、教師は具体的に教えることが仕事と考えている人が多いからではないでしょうか。教えることの難しさを感じながらも、その限界に挑み続けている教師が多いからではないでしょうか。

　しかし、子供たちは、教師が教えたことだけを学んでいるわけではありません。子供たちはいろいろなところからさまざまな情報を獲得し、それを加工変形し、評価しながら認識を深めています。自力で学ばせるのも教師の仕事です。教師にも教えられないものがあり、時に学習者に学びを委ね、見守り、導くことも教師の立派な仕事の一つと考えたとき、違った教育の方法が見えてきます。

# 放送教育では教師の手だては少なければ少ないほどよい！

インパクトの強い情報によって、子供たちの頭の中には、
個性的でダイナミックな世界が出来上がっていく‼

発問を用意していると、それに捕われて子供たち
の真意を聞き逃す
教師の鋭い発問は、子供たちの発言を限定する
子供たちは、教師の意図を忖度して自らの思いの
すべてを話さない

番組視聴
形象との対話

↓

結局、教師の思惑内での
授業にしかならない‼

視聴する子供たち（学習者）

教師

次々とつながって展開される学習（子供の認識の過程）を察知して導くことが教師の仕事（指導技術）
＝
教育的タクト（空発問）

● 授業の流れを変えるポイントとなる発言があった時にとる何気ない教師のリアクション

● 子供たちの発言の、確認や補足をしたり間を取ったりすることによって
　授業をコントロールする（＝無意識の場合もある）

● 授業の構造が誰にでもわかるように板書（表現活動）していく（イメージマップ）

● 子供たちの一言一句を学習の場で生かしていく

子供たち一人ひとりの思いや考え方をしっかり聴き取れなければ授業が進まない‼
（教師の資質として最も大切なものの一つ）

黒板上や子供たちの表現作品に学習内容が構造化して表出してくる

●周到に準備された発問や板書計画は、時として授業をつまらなくします。授業が押し付けに
なり、子供たちのわかる喜びを奪ってしまうからです。授業は、出来合いのレースではあり
ません。教師は、学習内容の構造を熟知したうえでそれを隠し、子供たちが個々に描いた世
界を引き出します。子供たちは、自らの力で解決の道をたどったことに喜びを得ます。

曖昧模糊とした発問がなぜ高等な教育技術なのでしょう。　その答えは番組を視聴している学習者の頭の中にあります。　繰り返しますが、番組は communication field なのです。　学習者は番組と対話し、自問自答しながらそれぞれの頭の中にあった今までの知識体系を組み換え、新たな知識を獲得していきます。　そして、さらなる疑問や問題の発見などの知的好奇心を働かせ、ダイナミックに世界を広げていくのです。　そこには、学習者の人数分だけの世界があるのです。　学習者のなかには、早く自分の思いを話したい、聞いてもらいたいと、やってみたいと、うずうずしている者もいるのです。

　そんなとき、教師が限定的な角度の鋭い発問をしたらどうなるでしょう。　一部の学習者にとっては有効な発問になる場合もあるでしょう。　しかし、多くの学習者にとって、発信しようとしていた思いが削がれてしまうことになるのです。

　こんなときは、「何でも言ってごらん」「何でも聞くよ」くらいのリアクションで十分なのです。　というよりも、それがベストなのです。　それでは学習が這い回ってしまうのでは、と危惧される方々もいらっしゃるかもしれません。　大丈夫なのです。　それは、番組がしっかりと教材という枠組みを持っているからです。　その枠組みの中で、学習者は関係づけや意味づけを行っていくのです。

　「空発問」で学習者が自ら発信していけるのかと思われる方もいらっしゃるかもしれません。　そこに、教師の高等な教育技術があるのです。　まず教師の発問があって、学習者がそれに応えていくという学習しか経験していない教師には無理です。　学習者は教師の姿勢をしっかり見切っているのです。　聴く教師とそうでない教師との違いを感知しているのです。

　ここで、なぜ「子供たち」ではなく「学習者」という言葉を使ったか考えてください。　学習者は「わかりたい」「知りたい」という知的好奇心をすでに持っています。　教師に対しても「学びたい」「教えてほしい」という知的欲求を持っています。　もともと子供たちはそんな存在なのだと考えても、あながち間違いではありません。　ましてや、学校放送番組を視聴した子供たちは全くの学習者なのです。

　学習者は、教師に対してもの言わずとも、ある種の思いを発信しています。　それをまず察知するのが教師の仕事です。　すべての学習者の思いや考えを聴く、受け止める、わかる、という姿勢と雰囲気を醸し出すのです。　それが「空発問」です。

　放送教育において「空発問」が有効な教師の手だてになると言われるようになったのは、昭和57年放送教育研究会全国大会(埼玉大会)からです。　その「空発問」も進化しています。　当初は、番組視聴後の学習の場には話合いのルールや豊かな人間関係の構築が必要と思われていました。　学級経営が基盤にあってこその「空発問」だと考えられたのです。　しかし、実践を重ねるうちにそうではないことがわかってきたのです。4月の学級開きに番組視聴をしても、学習者は思い思いに語り出したのです。　さらに、専科の教師が初めての授業で番組視聴しても対話的な学習が成立したのです。　つまり、学級経営があって放送教育が成り立つのではなく、放送教育によって学びの雰囲気ができ上がってくるのです。　そして、学級経営にも影響していくのです。

　子供たちは学習者になったとき、すでに学びのオーラを持ち、発信しているのです。　教師は、学習者のこの真摯な眼差しを受けとめ、「教える」という姿勢から「共に学ぶ」という姿勢にシフトすべきなのです。　そんな姿勢を象徴的に示すのが「空発問」です。

# 板書は意味場を可視化する！

## ▌空発問と板書（＝個々の学習者の重なったエピソードを平面上に表す）

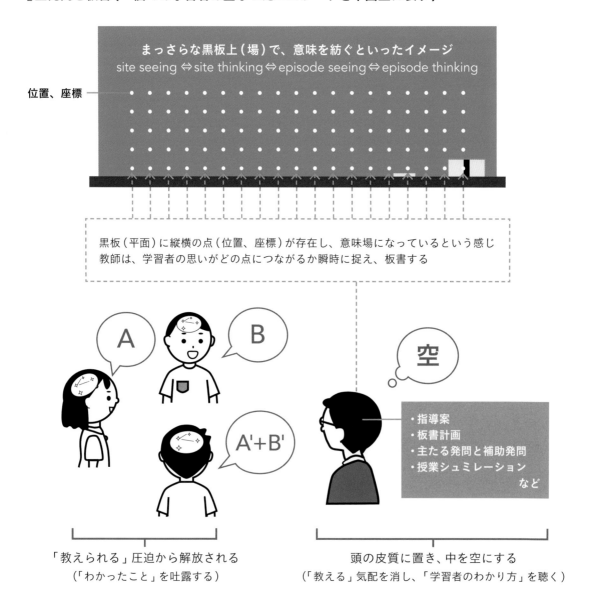

まっさらな黒板上（場）で、意味を紡ぐといったイメージ
site seeing ⇔ site thinking ⇔ episode seeing ⇔ episode thinking

位置、座標

黒板（平面）に縦横の点（位置、座標）が存在し、意味場になっているという感じ
教師は、学習者の思いがどの点につながるか瞬時に捉え、板書する

A

B

A'+B'

空

・指導案
・板書計画
・主たる発問と補助発問
・授業シュミレーション
　　　　　　　　など

「教えられる」圧迫から解放される
（「わかったこと」を吐露する）

頭の皮質に置き、中を空にする
（「教える」気配を消し、「学習者のわかり方」を聴く）

●学校放送番組を視聴した後の子供たちは、教える姿勢が消え去った教師の前で雄弁になります。そこには、子供たちと教師の新鮮な人間関係が構築されています。教師は、「子供の思いを引き出そう、聞き出そう」といった意識さえも消し去ります。子供たちには、純粋に思いを伝えたいという知的欲求のみ存在します。

番組視聴後、学習者になった子供たちが「空発問」によって発信するものの多くは感性的認識によるものです。感性と感性がぶつかれば、対立も生まれます。時に、まったくかみ合わないことも出てきます。個々の情報の受け取り方が異なるからです。同じ情報源でも受け取り手の処理の仕方が違えば、異質なものになります。どのエピソードの、どこから出発して、どのように関係づけや意味づけをしながら意味を紡いできたのか、その道筋がそれぞれに違うのです。その道筋も「意味場」なのですが、それを平面上に表し、マップのように表すのが板書です。「イメージマップ」と呼んでもいいでしょう。子供たちは、自分の発言が黒板のどこに記されたかによって、自分の立ち位置を意識します（site seeing & site thinking）。そして、次第に発言ごとのつながりとまとまりができてきます（episode seeing & episode thinking）。すると、子供たちは黒板上を動き出します。これで、黒板そのものが「意味場」になります。一人ひとりの頭の中にある「意味場」が教室全体の「意味場」を形成していくのです。ここに「協働」（共働）して意味を紡いでいく学習集団ができ上がります。

　そこで問題になるのが、教師が学習者の発信したものを、どこに、どのように板書していくかです。

　まず、「どこに」というのは、黒板を座標として捉えるということです。それは、学習を時間的存在としてではなく、空間的存在として捉えたことの表れです。黒板の右から左へ、または左から右へと時間を追って記すのではないのです。また、授業が終わったときに学習の流れが見えるといった板書でもありません。繰り返しますが、学習者が意味を紡いできた場を表す、つまり「意味場」を表現したものが板書なのです。ですから、学習者の発言を「どこに」記すかはきわめて重要になります。初めは site seeing や site thinking、つまりいろいろな場（学習内容）を見て回っている状態です。教師は「この学習者は、今どこにいるのだろう？　何を見ているのだろう？」ということを考えて板書の位置を決めます。その際、やってはいけないことは、教師が事前に立てた指導案や予想される学習者の発言、そして板書計画等にしばられることです。綿密な計画を立てることも必要ですが、それよりも学習内容の構造を教師が熟知しておくことのほうが重要です。そして、授業になったら教師はそれらを頭の頭皮部分にでも置いておき、頭の中は空っぽにしておくのです。そうすれば、子供たちの無垢な反応をキャッチし、板書する位置も見誤ることは少なくなります。ここは、出来上がっていくイメージマップの出来を楽しむというくらいの気持ちでいけばよいのです。

　次に、「どのように」ということです。まずは、子供たちが表現したものはすべて板書します。同じ言葉で表現していても、その情報源や意味の紡ぎ方が違うからです。間違っても「同じことだね！」などと言って、一つにまとめてはいけません。ですから、同じ言葉が違う黒板の位置に記されることがあります。そして、そこをつなげれば意味が生まれるのです。さらに「色分け」も重要なポイントになります。事実なのか、わかったと思ったことなのか、疑問に思ったことなのかなどが識別されると道筋が見えてきます。そうしたら、矢印でつなげたり、枠で囲ったりして構造化します。つまり、episode seeing や episode thinking、意味のあるまとまりの中を見て回ったり考えたりするのです。

　このような板書は、学習者のものの見方や考え方・扱い方を、点や線だけではなく面で捉えさせることになります。学習を構造的に捉えられるということです。既習のことと今の学習がつながれば、その先の「未習」の学習内容にもつながり、新たな疑問や学習課題を見つけることにもなります。こうして、広がった学習は深まっていきます。

# ICT活用の中核に放送教育がある!

## ICT活用

**視聴覚教育** 「ものを見る」という教育の方法がある
視聴覚教育:Audio-Visual Education
ものをみることによってわかりやすく解説し、
その理解を助けるとともに覚えやすくする

### ICT①
PC、インターネットなどの発達
によりメディアを効果的に活用
した学習過程の開発や情報その
ものを対象にした教育の必要性
が生まれた

### ICT②
番組を見て「わかる」ということ
を重視する
番組を視聴すること自体が学習
となる

放送教育:
Radio-Television Education

"エピソード"(まとまりのある重要な学習経験のこと)をプログラム化した
教育的な番組を学習に役立てようとした
→番組視聴中は、指導を委ねることになる
活用の仕方がかなり特殊で狭く感じるが、教師が教えるというよりも
共に学ぶという姿勢をとるために奥深いものになる

大型ディスプレー
コミュニケーションツール

タブレット
ネット　コンテンツ

---

●ICTの活用には、メディアが送る情報を活用することと、ツールとして活用することが混在
されています。前者は教材(素材)であり後者は教具になります。さらに、ツールでありな
がら教材性を持つものもあります。教材化という作業も扱い方が付随してきます。
ところが、学校放送番組は、すでに教材化(プログラム)されています。それ自体にわからせ
る働きや学ばせる働きがあるのです。まず、視聴することから学習がスタートするのです。
メディア(情報)の中において「番組」は特殊なものなのです。つまり、放送教育はICT活用
の中でも、ほかとは全く別物としてあると考えたほうがよいのです。

ここで、ICT活用全体と放送教育についての関係をもう一度整理します。放送教育はRadio-Television Educationと言われるように、ラジオやテレビが世に登場したことによって生まれてきました。それより少し前に、映画教育がありました。またAudio-Visual Education、つまり視聴覚教育の理論も構築され始めていました。それを大雑把に言ってしまえば、「ものを見ることによってわかりやすく解説し、その理解を助けるとともに覚えやすくする教育」です。それは、黒板とチョークだけによる授業を豊かなものにしていきました。そのあたりの事情は西本三十二編『視聴覚教育50講』（日本放送教育協会、昭和41年）に詳しくあります。

　そんな中、「テレビ」が登場したのです。白黒の小さなテレビが山村の分校に持ち込まれた話は有名です。そのときの子供たちの様子は今もライブラリーによって見ることができます。そこには、初めてテレビを見たもの珍しさだけではない、輝いた子供たちの表情がありました。「わかるって、面白いって、こういうことか！」という感動を得ます。そして、テレビを見るということは、一般的な授業にはない学習の広がりと深まりを生むということがわかってきたのです。視聴覚教育の捉え方も広がり、さまざまな視聴覚教育理論も登場しました。当時の視聴覚教育は今よりもっと懐の広いものだった気がします。

　時代が進み、テレビも様変わりしました。また、メディアの発達と情報の多様化、そしてPCの進化とネット社会の登場です。そして、ITはコミュニケーションさえも可能にしたのです。Information and Communications Technologyの活用は教育界でも必須のこととなりました。

　そのような流れの中で、放送教育研究会全国大会は視聴覚教育との合同大会になりました。また、放送教育学会も「日本教育メディア学会」になりました。ICTの外延が拡張していくにしたがって何でもあり状態になり、内包されていた放送教育の本質は歪められていったと感じるのです。

　放送教育に、「いつ、どこで、どのように」視聴させるかという問題は存在しません。視聴した瞬間に学習はスタートし、見終わったときにいったん学習は終わります。あとは学習者の頭の中にある「わかった」をどうしていくかなのです。つまり、番組視聴中とその後に起こってくる学習者の「頭の中の」変容を追っていくのが「放送教育」なのです。

　「頭の中の」という言葉を使いましたが、それを別の言葉で言い表せないだろうかと思案した結果、見つけたのが「意味場」です。「意味を紡ぎだす場」です。「意味を紡ぎだす」とは、番組がつくり出すいくつかのまとまった世界を学習者が行き来すること（学習体験）によって認識を新たにしていくことです。その際、学習者の個性、つまり経験や知識、感性などの違いによって多様でダイナミックなわかり方が表出してくるのです。だから、「場」なのです。学習者は、さまざまな場所から出発して意味を紡いでいきます。決められた道筋を一緒にたどるのではありません。そういった意味で、学習は時間的な存在ではなく、空間的な存在になっているといえます。

　そうなると、教師も教え導くといった姿勢ではいられなくなります。番組に指導を委ね、共に学び合うという相互作用を起こすのです。放送教育は、共働的な学びなのです。

# 導入・展開・終末の学習過程での ICT 活用はうまくいかない！

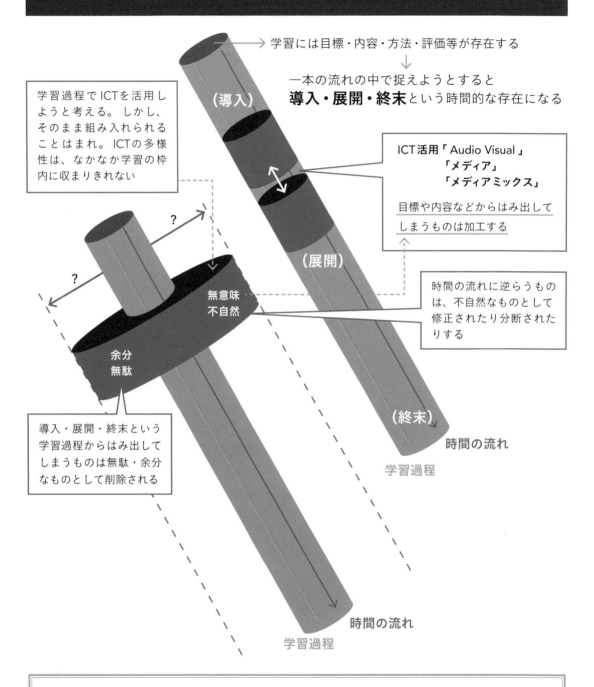

学習過程で ICT を活用し
ようと考える。 しかし、
そのまま組み入れられる
ことはまれ。 ICTの多様
性は、なかなか学習の枠
内に収まりきれない

学習には目標・内容・方法・評価等が存在する
↓
一本の流れの中で捉えようとすると
**導入・展開・終末**という時間的な存在になる

（導入）

ICT 活用「Audio Visual」
　　　　　「メディア」
　　　　　「メディアミックス」

目標や内容などからはみ出して
しまうものは加工する

（展開）

無意味
不自然

時間の流れに逆らうもの
は、不自然なものとして
修正されたり分断された
りする

余分
無駄

導入・展開・終末という
学習過程からはみ出して
しまうものは無駄・余分
なものとして削除される

（終末）

**時間の流れ**

学習過程

**時間の流れ**

学習過程

●コンピュータ学習、またはタブレット学習と呼ばれる学習があります。 各教科等において
PC やタブレットを活用してより学習効果を上げようとしたものです。 ところが、通常の学習
に組み込むには活用の方法にウエイトがかかりすぎるという難しさがありました。 今後、テク
ノロジーのさらなる発展によって解決されていく問題ですが、学びを委ねる ICT 活用にはその
問題が存在しません。

ここからは、さらに詳しくICT活用における放送教育の特異性について考えていきます。多少、重複する部分があります。まず、一般的に考えられている「ICT活用」について考えていきます。

　学習には目標があって、その達成のため、導入・展開・終末という時間の流れの中に学習内容も方法も評価も組み込まれていきます。ここでICTを活用する場合、ツールなのか教材なのか、あるいはその両方なのかということが問題になります。ツールならば学習方法、教材ならば学習内容の扱いになります。さらに、評価方法になったり評価内容になったりもします。いずれにせよ、ICTを学習過程に取り込むことになります。

　教えるためのICT活用（ICT①）では、ICTが学習の枠からはみ出ないようにしながら、適宜活用していくことになります。ところが、ICTはツールとしても多機能で多彩な使用方法があります。教材としても情報量が多く、内容も多様です。したがって、無条件でのICT活用というものはまずないといってよいでしょう。ツールならば、学習者も教師もその操作に精通することが必要条件になります。教材ならば、その教材性とともに学習者のレディネスや教師の指導力なども問われてきます。ここに、ICTを使える者とそうでない者との格差が出てくるのです。気軽にICT活用というわけにはいかないのです。もちろん、通常の学習でもこのようなことはあります。しかし、ICT活用はそれがより鮮明に表れてきます。

　まず、ツールとして活用する場合、情報を得るためのツールだけでなく、コミュニケーションツールでもあることが学習過程への位置づけを難しくさせます。つまり、情報の獲得と発信の両方が同時に進行していくということが生じてくるのです。このことは、導入・展開・終末という教師の思惑通りに進むことを妨げます。例えば、導入で情報の獲得を狙い、展開でその情報を使って発信させようとします。でも、学習者にとっての情報獲得は発信と一体になっていることが多いのです。それを導入と展開という過程に分けることはいかにも不自然です。

　次に、ICTを教材として活用する場合です。まず、もたらされる情報内容に目を向けてみましょう。さまざまな情報は、学習内容と100パーセント整合性があるものはまずありません。足りない部分もあれば、余分なものもあります。足りない部分を他の情報で補おうとすれば、情報同士の整合性が損なわれます。そこでは情報操作が必要となります。また、余分な情報に対しては、学習過程の流れの中では無駄な情報として削除、情報の組み換え作業が行われます。

　以上のように、導入・展開・終末という学習過程にICT活用を入れ込もうとする作業は決して楽なものではありません。それは、ICTには情報にしてもコミュニケーションにしても、ネットワークとしてのつながりがあるからです。それをどこかで断ち切る作業が学習過程に組み込むという作業になります。ですから、ある情報を無駄なものと判断して処理したとき、その情報に連なっている大切な情報も捨ててしまうということが出てくるのです。また、学習の流れに対して不自然なものを修正して時間の流れを変えたとき、その情報の意味や価値が失われるということが起こるのです。

　そこで、学習内容の枠を広げてICTの良さを最大限に活用していこうということも考えられます。その場合、教えるためのICT活用では目標がぼけてしまったり、評価規準が曖昧になってしまったりします。PCやタブレットをただ使っただけの授業にもなりかねません。

## 学校放送番組は「無駄・余分・無意味・不自然」を意味あるものにする！

**学校放送番組には、いくつかの意味ある場(エピソード)が重なり合っている**

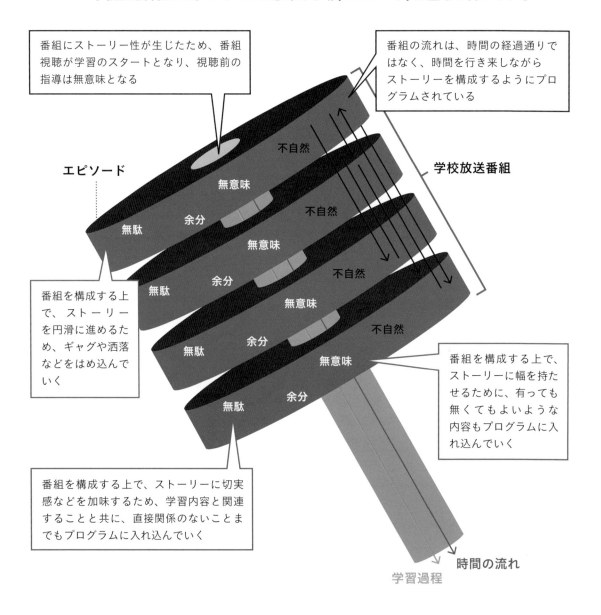

番組にストーリー性が生じたため、番組視聴が学習のスタートとなり、視聴前の指導は無意味となる

番組の流れは、時間の経過通りではなく、時間を行き来しながらストーリーを構成するようにプログラムされている

エピソード

学校放送番組

不自然

無意味

余分

無駄

不自然

無意味

余分

無駄

不自然

無意味

余分

無駄

不自然

無意味

余分

無駄

番組を構成する上で、ストーリーを円滑に進めるため、ギャグや洒落などをはめ込んでいく

番組を構成する上で、ストーリーに幅を持たせるために、有っても無くてもよいような内容もプログラムに入れ込んでいく

番組を構成する上で、ストーリーに切実感などを加味するため、学習内容と関連することと共に、直接関係のないことまでもプログラムに入れ込んでいく

時間の流れ

学習過程

●学びを委ねるICT活用には、PCやタブレットなどを駆使して情報を操作したりコミュニケーション活動したりしているような見栄えの派手さはありません。しかし、学習者の頭の中では、アグレッシブな戦いが行われているのです。それは、番組を視聴する学習者の瞳や表情に表れています。

ところが、学びを委ねるICT活用（ICT②）においては情報操作というものは全く行いません。

　学校放送番組にはいくつかのエピソードがあって、それらが重なり合って番組は構成されています。ブルーナーは『教育の過程』の中で、エピソードについて、「まとまりの重要な学習経験」と言っていますが、一つのまとまりとして意味があります。つまり、バラバラに分解できるものではありません。しかし、それがそのまま学習内容に当てはまるわけではありません。ある学習目標や内容に照らし合わせると、エピソードには無駄・余分・無意味なものも含まれています。そのエピソードが重なっているわけですから、番組全体ではかなりの無駄・余分・無意味なものが出てくることになります。しかし、学びを委ねるICT活用ではそれらすべてを視聴します。

　ある学習にとって無駄・余分・無意味なものであっても、番組を視聴すると意味のある重要な情報に転化するのです。そのわけは、無駄・余分・無意味に思えるものもエピソードを構成する一つの要素なので、エピソードとエピソードが重なってストーリーが生まれた場合、番組にとっての無駄・余分・無意味なものはなくなってしまうのです。例えば、番組の構成上、ストーリーを円滑に進めるためのギャグやシャレ、ストーリーに幅を持たせるための音像、ストーリーに切実感などを加味するためのカメラワークなどもプログラムの中では必要不可欠なものとなるのです。番組視聴者は、それぞれのエピソードからと、その重なりからやつながりからも意味を紡ぎだしていくのです。

　さらに、番組が生み出したストーリーは学習の出発点を決定してしまいます。ストーリーには、明確な「スタート」と「エンド」があるのです（番組の始まりがスタートで、番組の終了がエンドという意味）。学習に存在していた導入・展開・終末という過程を崩して、新たに番組視聴からスタートする学習過程と時間の流れをつくり出すのです。

　エピソードの重なりは、時間の経過通りに重なっているわけではありません。現在・過去・未来が入り組んでいます。ところが、番組はその構成力によって時間を行き来してストーリーを生み出します。すると、時間的に不自然だったものも、ストーリーとしては自然になるのです。ここでは、いきなり「わかった」と思うことも起きます。わかったあとで、疑問やわからないことが出てくることもあります。わかりかけた途中で学習を振り返ることもあれば、その先の学習に目を向けることもあります。ここに至っては、導入・展開・終末という学習過程こそ不自然なものになります。

　この番組視聴という学習活動は、とても能動的です。番組に対応して語りかけたりすることもあります。さらに、自分に問いかけ、自ら答えることもしています。番組視聴というICT活用は、PCやタブレットなどを駆使して情報を操作したりコミュニケーション活動したりしているときよりかは、当事者以外の眼からは地味に見えるかもしれません。しかし、学習者の頭の中ではアグレッシブな戦いが行われているのです。それは、番組を視聴する学習者の表情や瞳の輝きに表れています。

## 番組を視聴するということは時間を超え空間を行き来すること！

学習者が、時間の流れから解放されると、無駄・余分と思われる部分からも関係づけや意味づけを行い、意味を紡いでいく。そこに、つながりがうまれる。

つながりを意識する(関係づけ・意味づけ)と無意味なものからも意味が生まれる。

また、時間的な見方から、空間的な見方に変換すると、不自然さも自然になる。

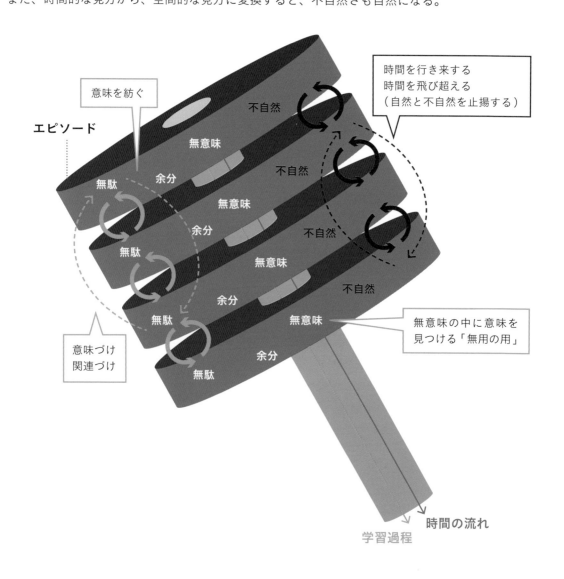

●学習者が紡ぎだす意味は、無用と思われていたものを有用なものにします。無用とされるものの中にこそ、真に有用なものがあるということがあるのです。そして、さらに番組は、不自然と自然を止揚するのです。

学習者の頭の中で行われているアグレッシブな戦いについて、さらに見ていきます。

　番組を視聴する学習者は、導入・展開・終末という学習時間の流れから解放されます。それは、番組のストーリーに従って現在・過去・未来を行き来するからです。時には時間を止めたり、ゆっくり進めたり、逆に早く進めたりもします。事象の一つひとつから意味を紡ぎ、それをつなぎ合わせながら自分らしく答えを導き出します。または、直感的に自分なりの答えをまず出して、その根拠を事象を逆にたどりながら導き出したりもします。当然、一人ひとりのわかり方は個性的になります。それは、番組がつくり出す時間を超えたストーリーが学習者の潜在的に持っている知的な好奇心を呼び起こすからにほかなりません。一人ひとりの学習者のわかり方は、学習過程の時間の流れに従って一様に深まっていくのではなく、学習者が個々につくり出す時間の流れの中で深まっていくのです。

　アグレッシブな戦いは時間への挑戦だけにとどまりません。教師が、この学習にとって無駄・余分・無意味と思っているものを有益で意味のあるものにしていくのです。そこには、関係づけや意味づけという学習行為があります。

　番組がいくつかのエピソードの重なりということは、一つの重要な意味を持ったまとまりが重なってストーリー性を生み出すということです。ストーリーはエピソードをつなぎます。すると、つながったところに関係が生まれ、関係の間には意味も生まれます。そこで意味が紡ぎだされるのです。つまり、教師がその学習にとっては無駄・余分・無意味と思っていたところにも、学習者自らが意味を見いだすことになるのです。

　番組視聴というのは、教師が考えた学習過程を凌駕した学習の流れをつくり出すことなのです。教師がつくり出そうとする学習過程への、学習者からの挑戦なのです。「学習者からの教師に対する挑戦」……。それは教師の思い通りに学ぶのではなく、一人ひとりの学習者が本来持っている「知りたい」「わかりたい」「やってみたい」という知的欲求を自ら満たそうとする学習者の学習に対する構えです。その構えを教師はどのように受け止めていったらよいのでしょう。

　ここで再び「意味場」と「空発問」の意味を考えてください。「意味場」は意味を紡ぎだす場のことです。つまり、学習過程を線ではなく、面で考えているのです。そして、面が重なるところにできるつながり、つまりネットワークによって起こるコミュニケーション活動こそ問題解決学習になるということなのです。このコミュニケーションが「形象との対話」であり、自問自答や友だちとの相互作用なのです。——じつは、「意味場」という言葉は「記号論」の中から借用した言葉です。したがって、言語だけを主対象にした「記号論」とその中の意味論でいう「意味場」とは厳密にいうと違うのです。映像をも記号として考えた私たちの「意味場」はきわめて不十分な言葉なのです。しかし、埼玉県放送教育研究会ではそのことを熟知したうえでこの言葉を使っています。

　この、共働的な学習を助長するのが「空発問」です。この空発問が、学習者のネットワークとコミュニケーション活動を保証し、学習者の挑戦を懐深く受け入れるのです。空発問は、学習者の思いを引き出してやるといった、上から目線の発問ではありません。教師が頭の中を空っぽにすることによって、学習者がすでに持っている学びへのモチベーションをさらに高めていく「場」を提供しているのです。

# 放送学習は主体的・対話的で深い学びを実現する！

放送学習は、番組を視聴した瞬間から始まる主体的・対話的な学習
放送教育は、学習者が対話によって構築するネットワークによって、教育の目的に迫る

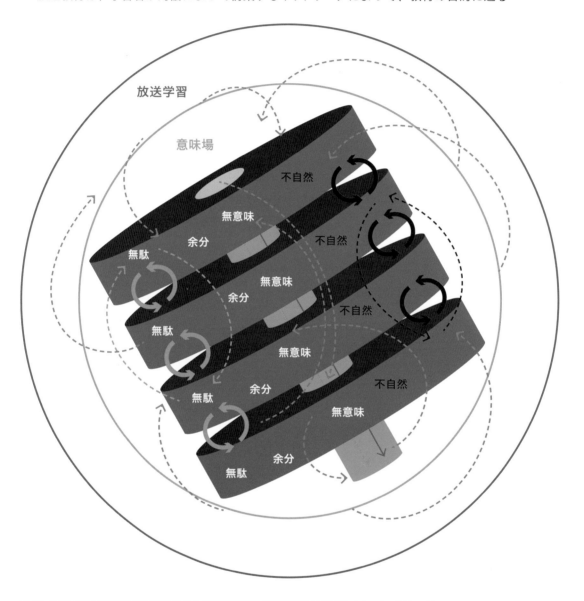

●放送学習というのは、番組を視聴することによって始まった個々の「対話」が広がり続け、時間的な存在であった学習を空間的な存在にしていく学習です。個々の対話が、主体的だということです。空間的存在というのは、まず広がっていくということです。この広がりは、ネットワークによって収束し、深まりへと変わっていきます。広がるからこそ、深まるのです。教室のテレビは、広がる世界への出入り口です。

学校放送番組をICTの一つと捉えれば、放送教育もICT活用の一つと言えます。しかし、一般的に言われているメディア教育やICT活用と放送教育は全く違うものだという認識を持つべきなのです。放送教育という、学習者と教師とを一体化してしまうような一般的な教育からも一線を画す教育があるということを知るべきなのです。それは「導入・展開・終末」という、時間的な学習過程では収まり切れない広がりと深まりをもった教育の存在です。

　60年前、山の分校に小さな白黒テレビがやってきたことは前述しました。そのことによって、子供たちの世界は飛躍的に広がりました。学びの姿勢も変化してきました。その事実を、山の分校だからと片づけてはいけません。同様なことが現在の学校でも起きているのです。しかし、起きていることに気づかない教師、そして、起こそうとしない教師がじつに多いのです。教室のテレビは、広がる世界への出入り口なのです。それは、60年前から変わっていません。

　いま、「主体的・対話的で深い学び」という言葉をよく耳にします。それは、一人ひとりが自らの見方・考え方・扱い方を持ちながらも、他の見方・考え方・扱い方に触れ、コミュニケーションを図ることによって、自分の見方・考え方・扱い方を柔軟にグレードアップしていくことだと考えます。ここでは他との相互作用が重要なポイントになります。いわゆる協働（共働）的な学習ですが、ここには異質なものや未知なものとの出会いがあります。広がる学習です。どこまで世界を広げるかは教師の力量がかかわってきます。広げたままでは学習が深まりません。学習内容の枠を広げることを躊躇する教師は少なくありません。せいぜい、教材という枠でつくられた池の中に金魚を放す程度かもしれません。川や海に魚を放すようなことは考えないと思います。でも、川や海に放たれた魚は本当にバラバラにどこかへ散らばってしまうのでしょうか。環境に対応しながらテリトリーを構成して、共に生き続けるということはないのでしょうか。

　テレビから広い世界へ飛び込んだ学習者たちは、知的な好奇心を刺激され、活発に対話を繰り返します。広がる世界の中にネットワークが構築されるのです。そこでは、関係づけや意味づけがなされ、収斂が起こります。広がった世界は深みのある世界へと変貌します。それは、世界が広がったからこそ生じた"深みある世界"だとも言えるでしょう。

　すると、学習者は再びテレビを通って教室に戻ってきます。広い世界と深みのある世界を体験した学習者たちは、身近な世界や現実の世界との関係づけを図ります。そして、そこに意味を見いだし、さらなる学習へと向かいます。これって、60年前の山の分校の子供たちの姿と見事に重なります。

　放送教育は、60年前の理論がまったく色あせずに、今も生き続けているのです。新しいものほど価値があるといった風潮に惑わされることなく、実践は重ねられています。

　「不自然さほど自然であり、自然なものほど不自然なものがある」「不要と思われるものの中にも、真に必要なものがある」「カンやコツを働かせ、直ちに核心に迫り、帰納的に学習する」「学びの雰囲気が教室に生まれると、雰囲気の教育が起こる」……。こんな柔軟な姿勢で、主体的・対話的で深い学びを放送教育は実現させます。

# 第2章
# 番組の教育力に負けないタフなクラスをつくる

　放送学習では、「意味場」や「空発問」がいかに重要となっていくのかを明らかにしていきます。 そして、放送学習が、学びの場を形成していく過程を追います。

　学校放送番組は、外から教室にやってきます。 外からやってくるものに対して違和感を持ってしまうことはよくあります。 なんでも無条件というわけにはいきません。 しかし、条件を付け過ぎても入ってくるものの良さを損ねることになります。 普通はその兼ね合いを探っていくわけですが、放送教育の場合、外から入ってくる番組を無条件に受け入れる道を選びます（時に、番組としていかがなものかというものは拒否する場合もあります）。

　ただし、外から入ってくるものに条件を付けないかわりに、自身に条件を課します。 どんなものにもビクともしないタフなクラスにするのです。 それは、外からのものに翻弄されることなく、逆に自分たちにとって有益なものとし、自らを高めていけるような開放的で建設的な学習風土をもつクラスにするということです。 それは外からの物を無条件で取り入れつつも、それらを自らの血とし肉としていけるような逞しさと強（したた）かさを兼ね備えた学習風土をもつクラスにするということです。

# 番組を視聴した子供たちは究極の「学ぶ喜び」への道筋をたどっていく！

## 「学ぶ喜び」への道筋

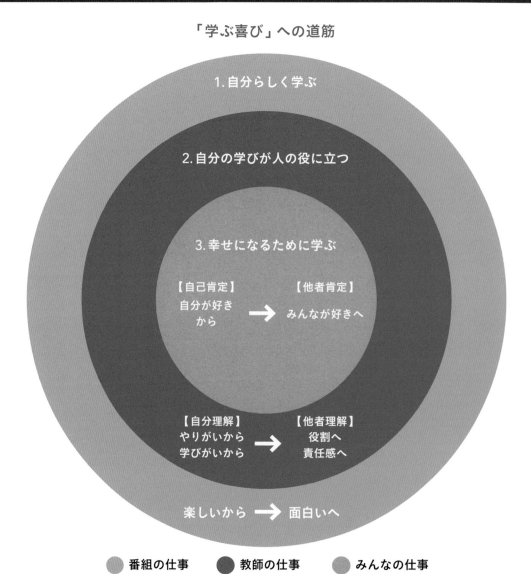

1. 自分らしく学ぶ

2.自分の学びが人の役に立つ

3.幸せになるために学ぶ

【自己肯定】
自分が好き
から　　→

【他者肯定】
みんなが好きへ

【自分理解】
やりがいから
学びがいから　　→

【他者理解】
役割へ
責任感へ

楽しいから　→　面白いへ

● 番組の仕事　● 教師の仕事　● みんなの仕事

---

❶ 番組視聴の自由を与えられた子供たちは、思い思いに意味を紡いでいきます。それは至極個性的なものになります。学習が自分らしさから出発するのです。ここは、子供たちの個性を引き出す番組の仕事になります。

❷ クラスの人数分の自分らしさが相互作用を起こします。みんなの学習のために役立てます。ここからが、子供たちの個性を活かす教師の仕事になります。

❸ 自他の個性を発見し、区別し、統合し、肯定することによって、新たなものの見方や考え方や扱い方を獲得していきます。ここは、みんなの仕事になります。

優れた学校放送番組は、子供たちの知的好奇心を喚起させ、それを満足させるように制作されています。満足させるということは、すべての子供たちに、その子なりの「わかった」という思いを抱かせるということです。その「わかった」という思いは、勉強が楽しいという思いに直結します。わかれば楽しくなるからです。

　番組は、一人ひとりの子供たちの性格・能力・感性・経験・環境などが違っても、だれでもが「わかる」「楽しい」と思える「時と機」を与えてくれます。ところが、番組の仕事はこれだけではありません。「えっ！ なに！ すごい！ やりたい！」といった感性をゆさぶります。それは、暗闇にパッと光が射したとき、人々の顔が白く光り、輝く様を表した『古語拾遺』にある「面白い」という状態そのものです。自分らしいわかり方に、自分なりの驚きや感動や活動への欲求がプラスされるのです。「楽しい」から「面白い」へとステップアップするのです。ここに、**「自分らしく学ぶ」**という喜びが生まれます。

　子供たちの「面白い」は、行動欲求と直結しています。最も強いのは表現欲求です。それをそのまま表出させます（表現のさせ方は、順を追って説明します）。

　子供たちは「わかったこと」や「面白いと感じたこと」を自分らしく思い思いに表現していきます。教室には、どんな自分らしさも認められるという雰囲気があります。子供たちは、学習に対してやりがいや学びがいを感じていきます。さらに、表現と表現のネットワークから、自分とは違った「面白い」を感じている友だちがいることに気づきます。

　そこで教師は、それらの相違点を明確にしてあげます。表現ネットワークをわかりやすく可視化してあげるのです。例えば、発言内容を構造的に板書します。絵や文章で表したものを比較・分類して、それぞれの立ち位置を示してあげます（可視化の仕方も順を追って説明します）。

　すると、子供たちは自分と友だちとの立ち位置の同じところ違うところに自ら気づき、同時につながりを意識します。自分のポジションが明確になると同時に、自らの役割にも自覚していきます。そして、自分なりの発言にも責任を持つようになるのです。「やりがい」「学びがい」から「役割」「責任感」へステップアップです。ここに**「自分らしく学習に役立つ」**という喜びが生まれます。

　いろいろな見方や考え方、扱い方があっていいという雰囲気のある教室では、「いろいろな見方や考え方や扱い方があるから、みんなと学習することが楽しくなる」ということを子供たちが理解します。そして、「もっといろいろな見方や考え方や扱い方をしていいんだ、していこう」という思いを強くします。自分を肯定するとともに、友だちをも受け入れるようになります。それは、広く、さまざまな別の生き方も受け入れることにも通じていきます。「自分が好き」から「みんなが好き」へステップアップです。ここに、**「みんなが幸せになるために学ぶ」**という喜びが生まれます。ここが「学ぶ喜び」の到達点です。

　学ぶ喜びは、「自分らしさ」から出発して「自分を生かす」ことによって得られます。でも、それだけでは不十分です。「自分を生かす」ということは「自分が役に立つ」と同義語です。クラスのみんなのために、自分の学びが役立ったという意識を持つことこそ、「究極の学ぶ喜び」と言えるのです。

## 自分らしい「わかり方」をするのは番組と対話しているから！

### 番組視聴すると、なぜ、自分らしい、個性的な「わかり方」をするのか？

「形象との対話」(内言に近い)

・映像 ( 視覚で捉えられる事物や出来事や現象など )
・音像 ( 事物の発する音や音声や効果音など )
それに加えて、エピソードが重なりストーリーができる

感じている
思考している
動こうとしている

自問自答を繰り返しているとも考えられる

自分らしさ ( 個性 ) が組み替えられていく

対話している

### 性格・能力・感性・経験・環境・意欲…など

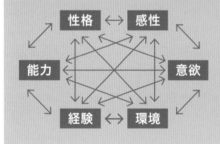

一人ひとりの子供たちの個性は様々な要因が絡み合っている
・どの要因とどの要因が強く刺激されるか
・どの要因とどの要因が結びつくか
・結果、何を感じるか
・結果、何をどのように考えるか
・結果、何をしたくなったのか

### 「形象との対話」は、自問自答！

●番組視聴中の子供たちを観察していると、確かに番組に話しかけている様子が読み取れます。でも、番組は正確にそれぞれの問いに答えてくれるわけではありません。番組からの返答を自分なりに解釈し、またそれに応えているのです。ですから、番組との対話は、同時に自問自答と考えることができます。またそれは、他人に説明するためではないので内言によってなされていると考えます。

学校放送番組は、子供たちの思考過程を想定してつくられています。どの映像を、どのように
つないでいくか、そこに音声や効果音などをどのように加えていくかということを、子供の見方
や考え方や扱い方に合わせていくということです。さらに、ちょっとした刺激を与えることで、
子供自らで気づき、学習にのめり込んでいくような工夫もなされています。ですから、子供たち
は番組に語りかけられているような感覚になります。そして、「えっ、なるほど、わかった」と
いうような落としどころをつかみます。つまり、番組とコミュニケーションをとっているのです。
これが番組との対話（形象との対話）です。

　ところが、その「対話」の仕方は一人ひとりの子供によって異なるのです。番組は一律に投げ
かけていますが、相手の子供たちはその性格・能力・感性・経験・環境・意欲などの違いによって、
うなずくところも疑問をもって問い返すところもそれぞれに異なるのです。つまり、番組の問い
に対して答えていると同時に、自分に対して答えているのです。自分の経験や知識や感情などを
“織り込む”という作業をしていると考えられるのです。番組との対話とは、自分らしく自問自
答していると言い換えてもよいのです。

　この自問自答は、通常のそれとは少し様相を異にします。番組との対話と自問自答のコラボ
レーションなのです。番組と対話しながら、自分の持っている知識や経験や感性などをつなぎ合
わせていくような作業なのです。つまり、ありのままの自分の内側から意味を紡いでいくような
ものです。

　子供たちは、自分に合ったペースで思索し、答えていけばよいわけで、等身大の自分を表出す
ることができます。だから背伸びをしなくてもよく、ひとりよがりの答えというものもありませ
ん。いま持っている自分の知識を思考の過程で使えるので、「気楽な自問自答」と言えます。ま
た、マイペースでテンポよく問題解決できるところは「心地よい自問自答」と言えます。さらに、
出した答えは自分らしさそのものであるため、「喜びを持てる自問自答」となります。

　ここで、通常の自問自答についても考えておきましょう。疑問が生じたとき、問題に直面した
り、解決しなければならない課題が振りかかってきたりしたとき、自らの力で解決しようとしま
す。自分の持っている知識や経験、感性などをもとに、なんとか答えを導き出そうとしていきま
す。しかし、時には簡単に答えが出ない場合があります。そんなときは、他人に頼ればいいわけ
です。でも、それでも解決できないから自問自答なわけです。自分でさまざまな資料をあたり、
調べ、考えながら答えを求めていくこともあるでしょう。でも、そうできない状況にあることが
多いわけです。

　自分の持っている能力以上の解答が得られない場合は「納得できない自問自答」になります。
どうしても解答が導き出されない場合は「あきらめる自問自答」となります。そして、あきらめ
切れない場合は、その後も課題となって残り、「繰り返される自問自答」となります。その様相は、
ソクラテスやデカルトたちの苦悩する姿と重なります。彼らは悩みぬいた末に、自分なりの真理
を獲得していったのです。

　多くの場合、自問自答といえば後者だと思います。人間が思考し、研究を重ね、苦悩しながら
新しい論理を構築してきたところには、必ず自問自答の存在があるでしょう。

　ところが、番組と対話しながらの自問自答にはそれなりの答えを見つけられるという軽さと明
るさがあります。そこが大切なのです。それなりの答えを必ず見つけていくという経験が、あれ
これと考えていることを一気に飛び越え、核心に到達させることにつながっていくと考えるから
です。つまり、カンやコツを教えられるのではないかということです。

# 自問自答は、言葉の壁を超える！

番組との対話は、言葉だけでなく感性（言葉を超えたコトバ）をいっぱい使います。
だから、言葉では伝えきれないものも教えることができます！

理性的認識（ロゴス）を超えたところにある世界に入り込む!?

知識 --------- 理性的認識（ロゴス）

視点の
発見・区別・統合 --------- 感性から理性への飛躍

クラス内での対話 --------- 自問自答の拡張

番組との対話 --------- 番組視聴（感性的認識）

自問自答（言葉を超えたコトバでの対話）するから入り込める世界!?

感性から理性へ、理性から感性へ、その繰り返しには「言葉を超えたコトバ」が関与する！

雰囲気による学習が展開するようになる！

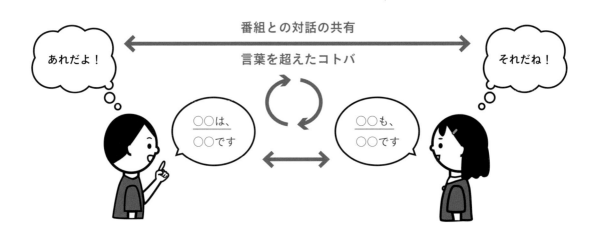

「番組（形象）との対話」は、多くの場合、内言でなされると考えます。「内言」とは、音声ではなく（頭の中で）、考えるためのスキルとしての言語です。述語が中心になったり、圧縮や省略も多く、文法的ではないのが特徴とされています。そこに、映像と音像が加わるのです。つまり、映像と音像も言語と同じく「記号」としての役割を持つのです。映像と音像も考えるためのスキルとしての言葉と同等な役割を有してくれるのです。子供の思考や感覚や行動を考えたとき、映像と音像を記号として扱ったときのコミュニケーション力は格段に向上します。反面、対話の内容は複雑化します。それを外言によって、つまり伝達スキルに変換して、他の人に伝えるためには相応の工夫・努力が必要となります。

　そもそも、内言を外言に変換することには困難が伴います。思っていることを正確に相手に言葉で伝えることは大人でも難しいことです。立場の違う人々の間では確実に伝わるということはさらに困難を極めます。ところが、教室での番組視聴では、みんながそれぞれに番組と対話してきたという学習行為が共有されています。さらに、感じたことや思考したこと、やりたくてワクワクしたことなどの「思い」も共有されています。ですから、番組との対話が次にクラス内対話（外言による対話）に移行していっても視聴中の自問自答が拡張されただけで、意思の伝達機能は落ちません。ただし、一般的にいわれている外言の定義からは多少逸脱する部分もあります。例えば、主語が曖昧だったり、文法的に未熟だったり、指示語が多かったりはします。しかし、そのようなことを全く意に介さないかのように子供たちのコミュニケーションは展開していきます。映像と音像との対話を共有している子供たちにとって、「あの画像」「あの場面」で話は通じるのです。映像と音像が、言葉と同等のコミュニケーションツールとしての機能を果たしているのです。もちろん、一人ひとりの子供たちの捉え方は違っています。

　そこで、クラス内での表現活動は「共感」をベースにしながらも、友だちがいろいろな視点で物事を捉えていることの発見につながります。そして、それを区別できるようになります。さらには他の視点を自分に取り込んだり、新しい視点を生み出したり、統合したりするのです。それを容易にしているのも、番組との対話（自問自答）です。言葉に表すよりも「思い」を重視した対話は、友だちの稚拙で足りない言葉を許容し、自分の思いを重ねて理解するのです。それが、「言葉を超えたコトバ」です。意思の伝達手段を社会的言語のみに頼らないことによって、逆に早くしっかりと理性的認識（ロゴス＝理性・言語）に到達できると考えられます。

　教育の到達点を「理性」に求めるのは一般的です。その過程で、曖昧さや混沌、直観や雰囲気、カンやコツ、阿吽（あうん）や以心伝心といったものは収斂されていきます。一般化とか概念化といった作業には「言葉＝ロゴス」で表現することが不可欠です。しかし、私たちはそれだけではないということを経験的に気づいています。言葉では伝わらないことがあることを……。言葉以外のもので伝わることがあることを……。言葉を大事にすればするほど、言葉以外でのコミュニケーションの存在に気づかされます。

　教育を巨視的に見れば、「言語道断」「不立文字」「以心伝心」の世界が見えてきます。徒弟制度や芸道の世界では、今もその重要性は指摘されるところです。それを学校教育に持ち込むことはタブーなのかもしれません。しかし、放送教育はその扉を開いたのです。「カンやコツを教える」「雰囲気の教育」と言われるものです。それは、放送教育の創成期にすでに波多野完治氏から提唱されていました。また、坂元彦太郎氏も映像を「記号」と見ることを試みていたようです。さらに西本三十二氏に至っては、番組視聴後の教師の介入は少なければ少ないほど良いと主張されました。放送教育における「意味場」の考え方はその延長線上にあります。ただし、言語以外の伝達手段を重視するという点からすると「意味場プラスの放送教育」と言ったほうが適切ですが……。

# 雰囲気で学ぶのではなく、学びの雰囲気が子供たちを学びに誘う！

■「意味場」・「空発問」によってつくられていく
　学びの教室

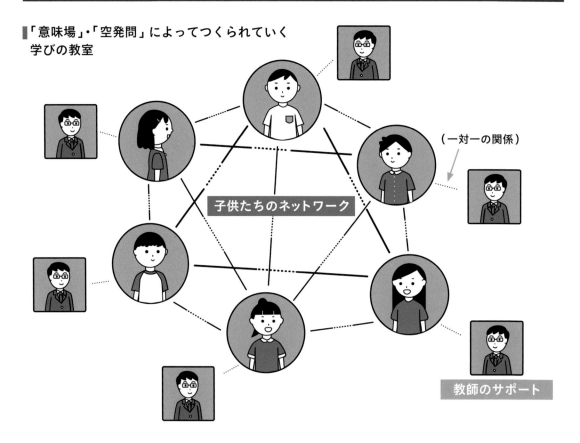

子供たちのネットワーク

（一対一の関係）

教師のサポート

■通常の学習によって構築される学びの教室

●子供たちの「意味場」がネットワークでつながると、一人ひとりの子供たちと教師との一対一の人間関係が生まれます。教師の受容の姿勢と、子供の主体的な表現活動によってできる教室全体の「意味場」こそ学びの雰囲気なのです。そこは、自分らしさが生かせる場で、自分らしさがみんなの学習に役立っていくことに喜びを持てる場になるのです。

「意味場プラス」という言葉は、子供の思考や情意や運動を考えたとき、言語だけを対象とした記号論と、その中の意味論でいうところの「意味場」では不十分だとの指摘があり（第1章で説明しました）、不足な部分を付け足すという意味で使ってみました。 しかし、埼玉県放送教育研究会で「意味場」という言葉を使い始めた30余年前から、そこには、身体的運動的なものや直観像や記憶像、そしてコトバ以外による思考や他者とのやり取りとしての道具の存在などを含むものとして捉えていました。 ですから「意味場」でもよいのです。 しかし、ここでのみ、コトバ重視と捉えられることを避けるために「意味場プラス」という表現にしてみました。 ですからプラス部分は言語以外の領域と考えてよいのです。 それを「言葉を超えたコトバ」と表しているのです（以後「意味場」で統一します）。

　番組視聴後、子供たちはゆさぶられた思いを語りだします。 身振りや手振り、表情も巧みに使い分けますが、その伝達手段は圧倒的に言葉が多くなります。 しかし、この言葉はかなり内言（言葉を発しないで考えるための言語）に近いのです。 主語が抜けていたり、文法的でなかったり、指示語やオノマトペなども多くなっています。 それは、自分の思いを正確に相手に伝えるための変換があまりなされていないためと考えます。 だからこそ気軽に話せるのでしょう。 それでも思いは伝わるのです。 そこでは、内言を外言（音声や文字を使って他人に伝達するための言語）に変換する未熟さと外言を理解する未熟さが相乗効果を起こしているような感じがします。 つまり、内言をそのまま気軽に外言にするため、「意味場」をほぼストレートに表現しています。 それを受け取る子供もストレートに自分らしく受け入れます。 子供たち同士のストレートな表現は、未熟であっても伝わるわけです。 ただし、一人の子供の発言が等しくクラス全員に伝わっているわけではありません。 児童Aの発言は、児童Bと児童Cでは微妙な違いが生まれているのです。 つまり、児童Aと児童Bの関係と児童Aと児童Cの関係が個々に成立していると考えられます。 個々との関係が人数分存在し、ネットワークを構築しているのです。 ここに「雰囲気」の学習が成立しています。 この雰囲気は、子供同士のネットワークを支える場を形成しているのですが、そこには見えない教師の働きもかかわっています。 子供たちは、ほかの子供たちと対話する以前に、教師に向けて発信をしているのです。 教師はその発信されたものをすべて受け入れ受容してしまうため、はっきりとした言葉のキャッチボールは見えません。 しかし、受け取ったボールは必ず返しています。 それは、ピッチャーとキャッチャーの「受け返し」に似ているかもしれません。 子供たちがズバッと教師に投げたボールを教師は軽くさばき、「ナイスボール」といった感じでやさしく戻してあげる。 これが「空発問」です。 ということは、教師は児童一人ひとりの発言が学習内容や学習方法や学習過程のどこに位置づいて、どこへ向かっていくかを察知できていなければなりません。 そうでなければ、教師は子供たちにやさしいボールは返せないし、子供たちも受け取ることはできません。 ここで、教師は「教育的タクト」を振っているのです。

　「空発問」は、教師からクラス全員に向けて発せられています。 しかし、実際には児童一人ひとりの子供たちと教師の二人の間に成立している発問なのです。 つまり、番組視聴後の空発問による学習は子供と教師の一対一の対話によって展開していくのです。 だから子供たちは躊躇なく発言し、発言は次々に連鎖していくのです。 これは雰囲気で学んでいるのではありません。 子供と番組との対話によって形成された学びの雰囲気が、子供と教師の対話へと移行して、子供と教師の対話がクラス全体に網目のようにつながることによって完成されたクラスの学びの雰囲気が、すべての子供たちを次なる学びへと誘うのです。 次なる学びとは、一対一のつながりがネットワークを構成し、クラス全体をつなぎ、バージョンアップすることです。 ここが、感性的認識から理性的認識への移行ポイントになります。

# 言葉を超えたコトバの対話は学びの雰囲気をつくる！

・質問はしない
・聴く姿勢を貫く
・手助けに徹する

（意味場の）発見・区別・統合 　　　　　　　　　（その子らしさの）発見・区別・統合

| 子供の仕事 | 教師の仕事 |
|---|---|
| ・頭の中にある世界（意味場）を学習の場に出す<br><br>・自分と友だちの意味場をつなげる<br><br>・つなげていく過程で、意味場を収斂すると同時に新しい意味場（クラスの）を構築する | ・空発問を駆使して、子供たちの頭の中にある世界（意味場）を出しやすくする<br><br>・クラスみんなの意味場を、板書などで関係づけや意味づけの手助けをする<br><br>・クラスの意味場ができ上がっていく過程につきあっていく |

空発問

## 子供たちの「構え」

● みんな同じことを学んでいる

● 私と同じことや似ていることを考えている人がいる

● 私と違うことを考えている人がいる

● 私が発言することをみんなが待っている

● ○○さんなら、きっとこんなことを言うぞ

● 先生も考えている

● 先生はどんな答えを待っているのだろう

● 先生も分かっていなかったりして

● 先生やみんながびっくりするようなことを言ってみたい

### 教室に共に学ぶ雰囲気が生まれる

受容する教師の表情・教師のしぐさ

番組視聴後、子供たちが番組と対話した内容を教師が聴く姿勢をとると、子供たちはしゃべりだします。それが「空発問」ですが、「空発問」は教師がつくる教室の雰囲気です。「なんでも聞くよ！」という姿勢を示し、一人ひとりの子供たちの発言をすべて認めていきます。なぜ、具体的な質問をしないのに子供たちは発言していくのでしょう。それは、子供たちが番組と対話していたからにほかなりません。今まで番組と対話していた場がそのまま教室に移動しただけなのです。しかも、対話は言葉を超えた「コトバ」で成り立っているのです。だから教師は質問をする必要がないのです。それでも子供たちは、子供同士で発言をつないでいくことができるのです。

　「空発問」による対話は、子供たちに取り組む「構え」となって表れてきます。暗黙のルールが教室内に構築されるからです。


●テレビを見る前に先生は何も言わない。
　だから、どのようにテレビを見るかは自分で決める。（視聴前の構え）
●テレビを見たあとも、先生は何も言わないで待っている。
　だから、まず、私たちがリアクションを示す。（視聴後の構え）
●基本的に何を言ってもいいのだけれど、自分らしさを出していって、みんなの役に立っていきたい。（クラス内での構え＝自分の役割）
などの雰囲気が生まれます。それらの構えを、教師は生かしていくのです。


①子供たちの自分らしい構え（手を挙げて発表する・先生に指名されたら発表する・とりあえず、友だちの発表を聞いてから決める・授業の終わるころに発表するなど）を認める。
②このクラスらしさ（何を言ってもバカにされない・何度でも発言していい・試してみたいことややってみたいことをまずやってみるなど）を育てる。


　それぞれ違う子供たちが、同じ言葉で表現することがあります。それを教師は「同じですね」とは言いません。それは、言葉での表現の仕方が同じであっても、子供によって、発言の底に流れる感情も、表したい意味も違うということを教師が感じ取っているからです。「この子は、この言葉でしか表現できなかった。言いたいことはもっと深いところにある」ということをつかんでいるのです。

　言葉には、あの人が言った言葉、あのとき言った言葉、あの場所で言った言葉、あの言い方で言った言葉……というように、状況によって意味が変わってくることがあります。一方、言葉そのものに強い意味があったり、魂がこもったりするものもあります。双方ともに、言葉を大事にしていることには変わりありません。

　しかし、言葉の限界を感じるのも事実です。よく、話が長くなると真意が伝わらなくなるということがあります。逆に、単語や短い言葉が雄弁に語りかけることもあります。それは、言葉そのものに込められた意味を、その言葉が発せられた場や時機によって言葉の意味が増幅したからでしょう。言葉による伝達は、言葉そのものの内容と、使われる場や時機が大切であって、長さではありません。この、場や時機こそ「言葉を超えたコトバでの対話」です。「空発問」による対話もその一つです。さらに、教室につくられる雰囲気もそうです。

　言葉にしなければ伝わらない！　しかし、言葉にしなくても伝わることがあります。雰囲気ある教室で教育ができる……。そんな雰囲気は、教師の少ない言葉と、子供たちのたくさんの言葉によって醸し出されていきます。言葉では伝えきれないものを伝えるのも、この雰囲気の力です。

## 雰囲気の教育は「カン」や「コツ」を学ばせることができる！

**番組視聴** → **視聴直後**

先生は何も言わずに私のリアクションを求めてくることはわかっている。
今日は何から、どのように攻めていこうかな？

| 何からいこうかな | どのようにやろうかな |
|---|---|
| ・わかったことから<br>・感想から<br>・疑問から<br>・やりたいことから | ・すぐに手を挙げて<br>・まず、友だちの発言を聞いて<br>・ちょうどいいころをみつけて<br>・じっくり聞いて最後のほうに |

●子供たちが学習の進め方を考えるようになるということは、学習を俯瞰できるということ
●それは、メタ認知的に学習全体を構造的に捉えていること
●そして、授業の出発点から到達点までを直感的に感じる力をもつことであって、
　到達点までの道のりを無意識に感じ取るということでもある

「あれこれと、物事に向かい合って思いをめぐらす。」というような、
一つ一つの石垣を積み重ねていくような手続きを経ないで、飛躍的に物の核心に突入する

### カンやコツの獲得

●「雰囲気の教育」では、現代教育が最も苦手とするカンやコツを学ばせることができます。
雰囲気の中では、同じ番組を視聴しながらも人によってさまざまな見方や考え方や扱い方があることを知ります。その中で、自分だけの思いや考えだと思っていたものが友だちや教師の思いや考えとぴったり一致していたという経験もします。さらに、その最初に思ったことが、導き出された答えに直結していたという経験もしていきます。つまり、思いつきだったと思っていたことが授業の核心に迫るものだったという経験を積み重ねていくのです。
「わかった」から始まる放送教育ならではの学習効果がここに生まれるのです。

番組視聴後、「空発問」によって子供たちは次々と発言していきます。しかし、本当にそうなるか、疑問を持つ人は少なくありませんでした。埼玉県放送教育研究会は30余年にわたり、年3回の研究授業を行ってきました。子供たちの発言を文字に起こし、分析し、そのネットワークを明らかにしてきました。しかし、首をかしげる人々の数は減りませんでした。とくに多かった反応は、「学級経営によるものではないか」「継続的な指導のせいではないか」というものでした。つまり、あくまでも教師の指導あってのものだというのです。また、NHKの番組制作者の中にも、「自分の制作した番組で、なぜここまで子供たちが深く考え、発言していくかわからない」といった方もありました。いかに、番組の教育力を多くの人が見くびっているかということだと思います。

　筆者は、担任を受け持ったとき、4月の第1回目の授業参観は必ず道徳番組を視聴した公開授業にしていました。番組視聴から始まる授業をほとんど経験していない子供たちです。学級経営もまだ軌道に乗っていません。名前も完全に覚えきっていません。当然、一人ひとりの性格や能力なども把握していません。しかし、子供たちは保護者の前で語り出します。ほぼ全員の児童が発言し、討論になります。保護者はその様子を見ながら、今度の担任がテレビを使って授業するということを知ります。そして、認めてくれます。

　それは、理科専科となったときも同様です。初めての授業のとき、理科番組を視聴して「空発問」をします。子供たちは、瞬間的には戸惑います。しかし、発言が2つ3つあれば、あとはつながってきます。番組との対話が、子供と教師の対話に移行して、それがつながってクラス全体の対話に発展していくことにさほどの時間はかかりません。それは、教師が教える姿勢を一時的に、完全に消し去ることで成せることなのです。

　ここでは、子供たちの発言が前もって「これを言おう！」と用意されていたものではないということを理解しておかなければなりません。むろん、最初のいくつかの発言は用意されたものもあります。でもそれはすぐに尽きてしまいます。その後は、湧いてくるようにして出てくるものなのです。それは、脳の神経細胞が刺激され、ニューロンが次々と結合していくことを連想させます。

　番組と子供の一対一の対話も、子供と教師の一対一の対話も、それが広がったクラスのネットワークも、相互作用によるものです。放送教育は、相互作用の連続と考えてもよいでしょう。その過程で起こる、同意・反論・反証・止揚などは極めて重要なものですが、加えて連想も大きな働きを示します。連想は、思考が拡散してしまうことがある一方で、一気に物事の核心にたどり着くということがあります。つまり、「瞬間的にわかった」という思いをもつのです。もちろん、その正否はしばらくたたないと判明しないのですが、同意・反論・反証・止揚などの結果、正しかった、間違っていたと気づいていくのです。その経験を積み重ねていくと、どんな閃（ひらめ）き方をしたときに核心に迫れるかということをつかんでくると考えられるのです。つまり、勘所や落し所をつかむようになるのです。

　このような学習体験は、教える側・教わる側といった、垂直関係の上には成り立ちません。子供同士も教師も水平な関係での場の上で成り立っています。その場は、番組との対話から形成され、教師との対話、クラス内対話へと発展しています。その過程には、水平的な面を上から俯瞰するという場面もあると考えます。なぜなら、番組が重要な意味のまとまりであるエピソードのつながりであり、ストーリーが存在するからです。つまり、子供たちの思考は起承転結した上にあって、全体を見通せるようになっているからです。放送教育において「雰囲気の教育」や「カンやコツを教える」ということを提唱したのは波多野完治氏ですが、埼玉県放送教育研究会のメンバーは等しく30年以上の放送教育の実践の中で、何度となくそのような場に遭遇しています。

# 子供の内言を「空発問」によって外言として引き出す高度な指導技術とは！

## 空発問

「今、どんなことが頭にうかんでいる？」
「なんでもいいから、聞きたいな！」
「考えていること、思うこと、疑問や質問、感想など、なんでもいいよ！」
「今、頭にうかんでいる景色や人々の姿などを絵や文にしてみよう！」
「今、すぐにやってみたいことをやってみようか！」

↓

そのうちに、教師が何も言わなくても、子供たちは表現し始める！
教師がテレビを操作したり、板書をしたりして子供たちと目線が離れている時、子供たちは表現をいったんストップし思考する。教師が自分を見ていると認めた時に表現し始める

---

初期段階では子供たちも戸惑います。しかし、ちょっと待っていれば何人かの子供たちがしゃべりだします。教師は、正解や期待する答えを求めていないので発言のすべてを受け入れます。次第に、発言する子供たちが増えてきます。そんなことを、1～2回繰り返してみると、どんどん表現するようになります！
（教師は、正解や期待する解答を決して求めません（空の状態）。だから、なんでも受け入れられます。＝だから「空発問」。そして、そこに混沌として潜む意味を紡ぎ出していくのです）

↓ **なぜ、空発問に子供たちは反応するのでしょう？**

---

**【視聴後の子供たちの頭の中「意味場」】**
わかった！感動した！やりたくなった！

- ・言葉で言い表しにくくても…
- ・きちっとまとめられなくても…
- ・まちがっていても…
（混沌としているために、まとめようとする力よりも動こうとする力のほうが強く働く）

ダイナミックに動く
↓
「意味場（プラス）」には能動性がある！

一人ひとり違った「わかり方」は、子供同士の対話に発展する！

性格・経験・能力・感性・精神状態……
などに応じながら意味を紡いでいく

---

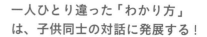

●番組視聴によって構成された「意味場（プラス）」には新しいものを生み出そうとする力があふれています。教師が、それを丸ごと受け入れる姿勢を示せば自ずとその力が働きだします。

---

今から60年ほど前のことです。教室でテレビを見せるとき、教師の手だてが多いほうがよいのか、少ないほうがよいのかという論争（西本・山下論争）が起きました。ざっくりとした言い方ですが、番組視聴前後の教師のかかわり方についての見解の相違です。本書は子供と教師の水平的な関係、「共に学ぶ」という立場をとっていますので、教師のかかわりは少なければ少ないほどよいという考えを支持します（西本三十二氏の主張）。

　この対立は、教育に対する立場がまったく異なっているため、双方歩み寄ることはありません。つまり、番組で教えるのか、番組で学ぶのかという、教育に対する教師の立ち位置が違うのです。教えるためなら、教師の指導・支援は不可欠です。学ばせるなら、学べる場を設定したり、雰囲気をつくってあげることのほうが重要になります。さらに加えるなら、「権威と服従の関係での学校教育」対「対等で共学する関係での学校教育」ということにもなります。前者は従来の教育システムを受け継ぐものであって、後者は新教育システムといってもよいでしょう。

　新教育システムは、これまでも従来の教育システムの中で部分的に実践されてはきました。しかし、その成功例は極めて少ないと言わざるを得ません。そもそも、従来の教育システムの中で実践できるようなものではないのですから……。そこに登場したのがテレビでした。テレビの教育力に魅力を感じた人々は、従来の教育にはなかった別の教育の可能性を見いだしたのです。だから、従来の教育にテレビ教育を組み込もうという考え方とは、まったく別な次元でテレビ教育は考えられなければならないのです。「教師の指導や支援は少なければ少ないほどよい」というのは、従来の教育の枠から飛び出ていくということを意味します。ですから、第1章で「教えるためのICT活用」と「学びを委ねるICT活用」をはっきりと区別した理由もここにあります。

　「空発問」は、「学びを委ねるICT活用」の見地からでなければ理解できないものです。「教師が発問をしないで、子供たちが学べるのか？」と思う教師は、従来の教育の中でしか教育を考えられないのです。「空発問」は、教師の言葉による指導・支援を極限までそぎ落とした高等教育技術なのです。

　ではなぜ、高等教育技術なのでしょう。「空発問」による授業の流れを見ていきましょう。

　放送学習は、番組を視聴することから始まります。そして番組が終わり、スイッチが切られます。教師は子供たちの前に立って子供たちと目を合わせます。すると、何人かの子供が挙手をします。時には挙手をしないで、教師と目が合うのを待っている子供もいます。このような状態は、放送学習を2～3回繰り返せばなります。初めての放送学習のときは、「今どんなことが頭に浮かんでいる？」「なんでもいいから聞きたいな！」と言って待っていれば、誰かしら話し出します。それは当然のことなのです。これまでも説明してきましたように、番組視聴中に番組と対話してきたからです。番組との対話はどこか「自問自答」に似ているため、「わかった」「なっとくした」という思いのほかに、「それなら」「別のことでは」というように、新しい見方や考え方、扱い方も付属してきます。ですから、まず「わかったこと」を整理して、まだモヤモヤした部分を明らかにしようとします。対話の続きの相手は、教師です。教師と対話を続けたいというのは至極自然な流れです。そのときに、教師が「質問」をしたらどうでしょう。「えっ、先生は何が聞きたいんだ？」ということになってしまい、自分と教師の思いのズレを感じてしまいます。教師が何でも受け入れてくれるから、対話は継続していくのです。

　しかし、子供一人ひとりと教師の対話はほどなく終わります。自分と教師の対話と、友だちと教師の対話とに微妙なズレがあることに気づくからです。つまり、人によってそれぞれ見ている場所と見る方向があって、違うことに気づくのです。子供一人と教師の対話は、クラス全体に発展するのです。そうなったら、対話は「統合」を求めてさらに活発化していきます。

## 子供たちの対話を活発にするには教師の角度のある鋭い発問は邪魔になる！

・子供たちの力で、自分の意味場をレベルアップできるのなら、教師は手出しを控える
・子供たちの力で、みんなの思いを相互理解しあえるという喜びを持つことができる

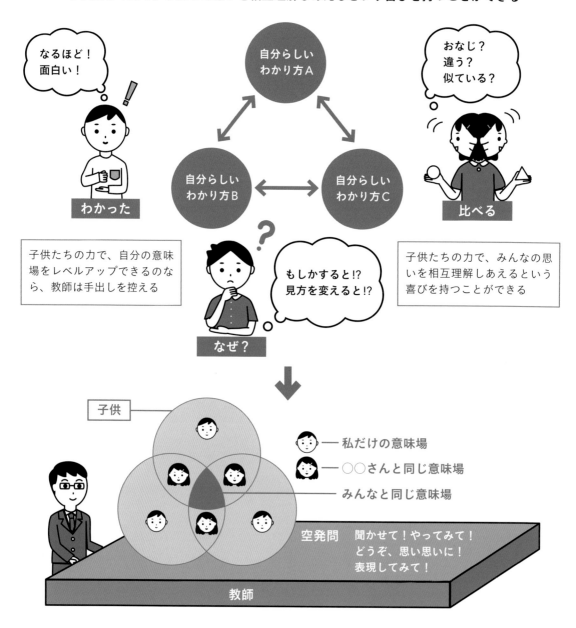

●「空発問」は、従来の授業の常識からはずいぶん外れた発問ですが、それほど突飛な発問でもありません。ふだんの学習が疑問や問題から始まるのに対して、放送学習は「わかった」ところから始まる学習なのです。「わかった」と思ったことを、子供たちと教師が共学してさらに高みへと引き上げていくことを容易にしていくのが「空発問」です。

今日、授業において「本時の学習課題を明らかにしてから学習を開始する」「主たる発問と補助発問を用意する」「学習の手順を示し導く」「学習の流れが分かるように板書する」「解決した課題は言葉でまとめる」という教師の手だてに異を唱える教師はまずいないでしょう。しかし、これを「学習課題はみんなで見つける」「空発問によって対話による学習展開」「共に学習課題を解決していく」「子供自身が自分の立ち位置がわかる構造的な板書」「それぞれの子供が自分の言葉で学習をまとめる」という言葉に変換したらどうでしょう。前者は子供と教師が「権威と服従の関係」で、後者が「対等で共学の関係」になります。ここで、多少心が揺らぐ教師もいるでしょう。子供の自主性や主体性を重視する考えはまだ残っているはずです。しかし、なかなか容易ではないことも理解しているのです。「這い回る学び」の怖さも知っているでしょう。しかし、「対等で共学の関係」こそが自主的で開かれたクラスづくりの原動力となるのです。

　本題から少し外れますが、我が国の学校教育制度は、明治5年の学制発布以来いくつかの教育改革を経て今日に至っています。しかし、明治期のそれが第一の教育改革といわれるように、「教育」はゼロからの出発ではなく、それ以前にも存在していました。藩校、寺子屋、私塾、内弟子制度、芸道や家の伝承などの具体的例もあります。さらには、縄文以前より「生き方や技術を伝える」という（教育）活動は人々の生活の中にあったでしょう。もちろんそこでも、「権威と服従の関係」と「対等で共学の関係」はあったはずです。そして、そこには「伝えても伝えきれないものがある」ということを認識していた人々がいたことも私たちは知っています。世阿弥における伝書や松尾芭蕉やその弟子の書になるものなどにも、そうした苦悩を感じさせる跡が散見されます。すなわち、「あとは学ぶ側に委ねるしかない」という、教えることの限界を感知するのです。そんなとき、学ぶ者をエネルギッシュに高みへと背中を押すには、「教える」という手段では不十分なのです。リアリズムではなくシンボリズム、具体的ではなく抽象的な刺激のほうが学ぶ者を突き動かすということがあるのです。師の生き方、所作、演技、作品などを「五感」を通して感じるのです。言葉では表しきれないものを視聴覚的に捉えるのです。

　番組を視聴するということの一つの意味は、対象をシンボリックに抽象的に捉えるということです。それを、言語で再生することによって、言葉では伝えきれなかったことも伝えられるというパラドクスが生じるのです。それが可能なのは、何度も繰り返しますが、映像を言語と同様な「記号」として捉えるからです。そのためには、シンボリックに抽象的に捉えたものを素直に表現できる場を用意しなければならないのです。それが「空発問」です。

　通常、「質問」には期待する答えや正答・誤答があります。しかし、子供たちがそれを意識したとき期待に応える答えや正答を求めます。当然、シンボリックなものをリアリティーなものへ、抽象的なものは具体的なものへ変換しなければなりません。その段階で、シンボリックで抽象的なものに付随していたダイナミック性は失われていくのです。どう言葉で表現したらよいかを思考している子供たちからは、心からわき出たままの発言を得ることはできないのです。ここでは、子供たちが漠然としていても「わかった」という思いを引き出すことが最も重要なのです。教師が期待する解答や正答はここにはないのです。だから、一人ひとりの「わかった」が教室に広がるのです。

　そうするうちに、子供たち一人ひとりの「意味場」の交流が始まります。意味場の比較統合が行われるのです。その際、意味場には映像と音像が含まれています。それらを子供たちは思い思いの言葉にして討論します。同じもの、似ているもの、違ったものなどが区別されると同時に、認められるということが起きます。それは、教師がそのすべてを認めているからにほかなりません。

# 「空発問」は教師の指導技術によって差が出る！

空発問→その子供らしさを引き出す

教師の仕事
（授業における教師のはたらき）

対話

学習者の仕事
（授業における児童のはたらき）

物事の核心をついてくる←直観的な反応

## まなざしや表情
・教師の思いを表情や視線など顔の表情によって
　示すことができる
・言語を介さなくても子供たちと対話することが
　できる

・なんでも真剣に聞いてくれる
・私が言うまできちっと待ってくれる
・先生を見ていると、なんと言っていいのかが
　まとまってくる

## 洞察
・その子らしい発言内容を予感できる
・子供のどんな言葉にも意味を持たせることが
　できる
・一人の発言を聞きながら、他の子供のつぶやき
　を聞き取ったり、反応を感じ取ったりすること
　ができる

・迷って挙手しなくても指名してくれる
・自分で言っていることがわからなくなっても、
　整理してもらえる
・言っていることが友達に伝わらなかったり
　誤解されたりしても、友達の考えとの相違点を
　はっきりさせてくれる

## しぐさ
・動作で、子供たちの視線を集めることができる
・教師の視線や指先に、子供たちの注意を向ける
　ことができる

・言葉はないけれど、私と話し合っている感じがする
・みんなと学習しているのだけれど、
　先生と個別に学習している感じがする
・先生の動きに自然と体がついていく

## 言葉や口調
・指示語を効果的に使うことができる
・曖昧な発言を適切に表現し直すことができる

・はっきり言葉に表せなくて、「あれ」とか
　「～みたいな」とかで説明しても、みんなに伝わる
・とにかく、言えばなんとかなる

## 関係づけと意味づけ
・発言の意味を瞬時に理解することができる
・発言をつなげたり、学習内容に位置づけしたり
　しながら構造的に板書することができる

・私の言うことをわかってくれる
・私の発言がみんなの手助けをした
・考えがまとまっていなくても、黒板を見ると
　はっきりするようになる
・何を言っても誰もバカにされない
・みんなに役立つような発言をしたい

## 「空発問」は、子供たちと教師の立ち位置を限りなく近づけます！

「空発問」は子供たちと教師との心の対話なのですが、同時にそれは高度な教育技術でもあります。　この技術は、経験を積めば会得できるといった性格のものではありません。　初任者が無意識にやっていることもあれば、経験者が意識的にやってもできないということがあります。　要は、教師の教育に対する姿勢と思いの深さ、そして感性によって身に付くものかもしれません。　硬い表現を借りれば、「教育哲学」の所産です。「何のために教師をやっているのか？」と、常に自分に問い、答えを求め続ける教師の姿勢が根底にあっての技術です。　それを踏まえたうえで、教師の仕事（技術）と学習者の仕事（学習への構え）について考えます。

　教育には、いくら教えても教えきれない領域があります。　あとは、学習者の工夫や努力や運に委ねるしかない世界があります。　そんな世界に、「空発問」は踏み込みます。　そのときの教師の始めの仕事は、「教える」という姿勢から離れることです。　そして次に、「教師には何ができるのか？」を自らに問います。　さらに、「教師は授業中に何をやっているのか？」を俯瞰します。　つまり、「空発問」にとって重要なことは、教師は「何をするか？」ではなく、「何ができるか？」ということなのです。

　そこで、「教える」という言葉では表現しきれない教師の働きを見てみましょう。

　まず、教師の「まなざし」や「表情」です。　教師がしゃべるのを止め、まなざしを子供たちに向けていると、子供たちは教師のまなざしの先に何があるかを気にします。　また、その表情にある喜怒哀楽を読み取ります。　それが、ある子供の発言直後だとします。　子供たちは、発言の是非を即座に示さない教師の姿勢から、「私たちの発言をしっかりきいてくれる」「発言をまってくれている」「私も、発言したい」という思いを持つでしょう。

　次に、教師の「洞察する力」です。　子供たちの発言の真意や意味を読み取ることです。　教師は、学習内容とその構造は熟知しています。　ということは、子供たちの多少稚拙な発言でも学習内容との関連を見いだせるわけです。　また、一つの発言に対するほかの子供たちの反応も学習内容に照らし合わせてつなげることができるのです。　だから子供たちは安心して発言することができるのです。　自分の真意を汲み取ってくれる教師の前では子供たちも多弁になります。

　そして、教師の「しぐさ」です。　子供たちは、教師の言葉ではなく、しぐさに注目しているときは教師と同じしぐさをすることがあります。　また、手や指先の動きや動作に反応します。　それらの動きは一人ひとりの子供たちの思いと無関係ではありません。　自分の発言や行動に教師が敏感に反応してくれていることを感じ取るのです。　ここには子供たちと教師の一対一の人間関係があります。　そして、「教育的タクト」が存在するのです。

　さらに、教師の「言葉と口調」です。　空発問では教師の発言は限りなく削られます。　しかし、指示語などは効果的に使います。　つまり、子供たちの発言と事象との関係を指示するのです。　それは、映像も言語と同様に記号として捉えていることと無関係ではありません。　頭の中にある映像を無理に言語化せず、あえて曖昧な言葉でコミュニケーションを図ります。　だから、同じ指示語でも口調を変え、子供の思いを受容していくのです。

　最後に、教師の「関係づけと意味づけする力」です。　教師の「直観力」と言ってもいいかもしれません。　子供たちの発言を聞いてあれこれと思案するのではなく、発言の主旨を瞬時につかみ、関係づけや意味づけを図るのです。　ここでは構造的な板書が効果的になります。　子供たちは、自分の発言がクラスのみんなの学習に役立ったことを実感します。

　以上のように、「空発問」による子供たちの発言や行動には無駄なものはありません。　すべて、その学習に役立ちます。　そうするのが教師の仕事です。　それは、言語だけでなくそれ以外の伝達手段も最大限に活用していく教育技術なのです。

# 黒板は関係づけや意味づけを図る場になる！

黒板は、「意味場」だと捉える。 そこからは、感性的認識から理性的認識への過程が見えてくる。
その過程は、教科やその番組内容によって異なってくる。

## ■理科において、エネルギーに関する事象を中心に板書する場を決めていく例

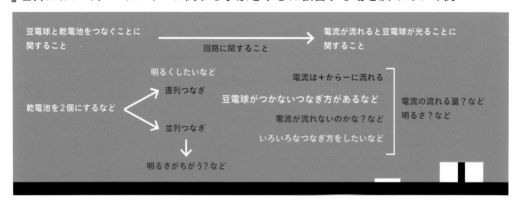

● 事象についての発言は、白いチョークで記す
● 観察や実験につながる発言は、黄色いチョークで記す
● 不思議なことや疑問についての発言は、青いチョークで記す
● 知識についての発言は、赤いチョークで記す

## ■理科において、時間の流れと生物の成長を追って板書する場を決める例

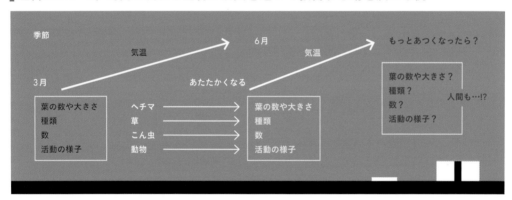

● 3月の事象についての発言は、赤いチョークでまとめて記す
● 6月の事象についての発言は、黄色いチョークでまとめて記す
● その他の事象についての発言は、白いチョークでまとめて記す
● 不思議なことや疑問についての発言は、青いチョークでまとめて記す

●番組視聴後は、一人ひとりの子供たちが自分なりの分かり方をします。 それが、「空発問」によって湧き出てきて黒板上で関係づけされたり、意味づけされたりすることによって、知っていたことも、初めて知ったことも、知っていたけれども修正されて新たな知識になったことも整理されます。 さらに、もっと知りたいことがはっきりするのです。

ここでは、「空発問」を生かす板書について考えていきますが、その前に黒板についての基本的なことをおさえておきます。まず、黒板を「伝言板にはしない」ということです。ある学級では、日常的に黒板に連絡事項が書いてあったり、伝言メモが添付されたりしてあります。一日の目当てや学習予定が記されていたり、お知らせやメモなどの紙類がマグネットで貼られたりして、黒板のかなりの部分が本時の学習以外の伝言に占領されていることもあります。そして、それを不思議だと思わない教師も多いのです。伝言やメモは、教室内の一角に別のスペースを設ければよいでしょう。

　「黒板」という場所は、クラスの子供たち全員が立つ土俵上なのです。そこで学習に集中して、いろいろな見方や考え方や扱い方に出会い、次第に認識を広げたり深めたりしていく場なのです。そのことから言えば、学習内容以外の物が黒板上にあるということは至極不自然なことです。それは、「専心」を妨げます。学習内容に集中し、全くの学習対象外は排除していくことは極めて重要なことです。視聴後には、子供たち一人ひとりの頭の中にあるものが黒板上に現れてきます。そこには学習内容と学習構造（理性的認識への過程）が表出します。黒板は思考の場なのです。

　場だということは、平面上（本当は立体的に表せればもっとよい）で考えるということです。つまり、座標軸があるということです。そこで、黒板にはマーカーなどでマス目を書いておきます。すでにマス目のある黒板もあるようですが、一般化はしていないようです。学年の発達段階に応じて1マスの大きさも工夫するとよいでしょう。マス目には、字が真っ直ぐ書けるとか、図を書くときに便利とかいった良さがあります。しかし、それよりも、マス目を座標として利用することによって子供たちの発言を構造的に板書しやすくなる利点のほうが大きいでしょう。でき上がっていく板書は、まるでクラス全体の意味場が形成されていく過程を眺めているかのようになります。

　チョークの色に意味を持たせることも大切です。左の板書例は、内容ごとに板書する場所を分けるとともに、色にも意味を持たせます。日常的にも行っていると思いますが、とくに意味場の板書では子供たちも教師も"色"を常に意識するという習慣を身に付けておくとよいでしょう。子供たちは自分の発言が何色で書かれたかを意識し、自分の発言の意味を捉え直せるようになります。時に、教師も子供の発言内容によって何色にしたらよいか迷うことがあります。そんなときも、焦らず子供たちに「何色にしたらいい？」とたずね返せばよいのです。問い返された子供は発言の意味再考するとともに、自分の発言が大切に扱われているという意識を持ちます。クラス内にも、みんなの発言が大切に扱われているという雰囲気がつくり出されます。

　最初の発言を、黒板のどこからどのように書き始めるかに神経を使うことも大切です。教師の頭の中には大まかな板書の完成図はでき上がっています。しかし、授業はその通りには展開しません。無理に板書計画通りに押し通せば授業が白けてしまいます。子供たちと共につくっていくのが板書です。その一歩をどこに決めるかによって、その構造が変わってしまいます。板書には、その位置によって異なった意味が存在します。したがって、黒板中央から書き始めると、その発言が学習の核になってしまうことがあります。それよりも、いくつかの核を分散させ、それらをつなげながら中心課題へと向かうほうがよいかもしれません。子供たちも、自分の発言がどこに板書されるか注目しています。囲まれたり、線でつながれたりしながら関係づけが図られると、子供たちはつながったところを意識して、そこに新しい意味を見つけるのです。

　板書は「意味場」そのものを表しています。頭の中そのものを表しているのです。囲んだり線でつなげたりするということは、頭の中のある部分とある部分をネットワークでつなぐことです。そして同時に、脳全体を働かせることなのです。

# 「空発問」によって表出した子供たちの思い（意味場）は板書によって可視化される！

## ■道徳科において、場面（時間と空間）ごとの思いを板書する場を決める例

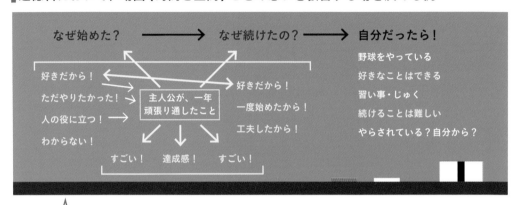

同じ「すごい」「好きだから」という言葉でも、何がすごいのか、なぜすごいのかも、何が好きなのか、なぜ好きなのかは別。だから、同じ言葉が別々の場所に記される

## ■道徳科において、人間関係のつながりで板書する場を決める例

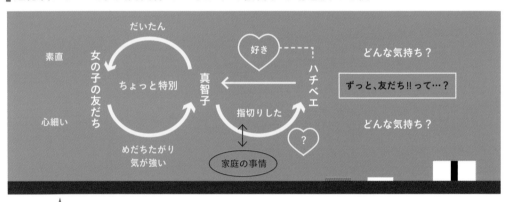

主な登場人物を矢印でつなぎ、行動や性格や思いなどを記していく

●板書に決まったルールがあるわけではありません。子供たちの反応発言によって板書は形成されていきます。場面に沿ったものや登場してくる人物を中心に展開する場合があります。でも、どんな場合でも、必ずつながりはあります。それを矢印などでつなぐことによって、それぞれの関係が見えてきます。そして、思いもつながります。

板書を「イメージマップ」として捉えてみます。子供たちは、番組視聴によってそれぞれに感じたことや考えたこと、やってみたくなったことに応じて、まるでパラシュートで降下するかのように意味場のあらゆる地点に着地します。そこから、みんなと協働しながら目的地（学習目標）へ向かうのです。ところが、たどり着いた時点で周りを見渡しても、自分の位置も進むべき方向もわかりません。地図はありません。地図はつくりながら進むのです。仲間と声を掛け合いながら進みます。進んだ道筋が地図になります。それが「板書」です。次第にでき上がっていく地図（板書）を見ることによって、自分の位置を俯瞰（ふかん）できるようになってきます。

　「空発問」によって教室に表出してきたものが「コトバ」だった場合、すぐそこに会話が生まれるわけではありません。言うだけ、聞くだけの「伝達」になります。それは、番組視聴中・視聴直後の子供たちの意味場が独りよがり的な性格を帯びているからです。そのため、まず受け入れること、押し出させることを優先します。その多様性と力動性ゆえに、発言はバラバラに見えます。でも、それぞれの立ち位置を地図上（黒板上）に記していくのです。イメージマップづくりが始まるのです。次第に個々の発言は「島」（学習内容の塊）をつくり、成長していきます。バラバラに見えた発言にも関係性が見えてきます。それらをつなげていけば、意味も見えてきます。学習は伝達から会話や討論に移行しています。

　では、どのようにマップになっていくのでしょう。それを「道徳科」を例に考えてみます。道徳科の教材（番組）には、時間の流れとともに出来事や場面が変わり、登場人物の心情も変化していくものが多くあります。そんなとき、時間の経過ごと、場面ごとに黒板の右から順に並べていく授業を見ることがあります。それは、教材のあらすじを追いながら、順に決まった方向（結論）に誘導してゆく感じになります。それでは、番組内容のあらゆる場や時間の流れの中から意味を紡ぎ出した子供たち一人ひとりの個性的な見方や考え方や扱い方を固定してしまうことになります。マップにはなりません。出来事を時間の流れ通りに直線上に並べるのではなく、空間上にバラバラに位置づけることが大切です。そうすれば、それぞれに思いがマップ上に散りばめられ、内容ごとにいくつかのまとまりをつくることができます。一つの内容項目が分かれたり、複数の内容項目が生じたりしてしまうこともあります。しかし、だからこそ「考える道徳」「議論する道徳」になるのです。一つの内容項目の枠を狭めていって、決まった結論へと追い込んでいく道徳授業とは一線を画します。まとまりとまとまりの関係を見ると、対立するものもあります。見方を変えたものもあります。止揚したようなものも表れてきます。同じ言葉での発言であったとしても、違ったまとまりに属すこともあります。

　板書は子供たちの発言を単にわかりやすく教師がまとめていくといったものだけではありません。ましてや、子供たちの発言を順番に黒板上に並べていくだけの板書では黒板がかわいそうです。「空発問」による板書は、教師がつくり出すといったものではなく、子供一人ひとりの意味場が黒板の中に隠れていて、それをみんなで引っ張り出していくといった感じのほうがよいと思います。子供たちと教師が黒板上で関係づけや意味づけの作業をしていく行為から、新しいものの見方や考え方や扱い方が生まれてくるのです。

　板書をしていると、子供たちから「そこ、書く位置が違うよ！」とか「その色でいいの！」とか言われることがあります。また、子供が黒板の前に出てきて、チョークで囲んだりつなげたりしながら説明をすることがあります。個の意味場がクラスの意味場に変わっていく過程ではよく起こることです。板書がクラスみんなとの協働作業によって、学級全体のものにもなってきたということであり、自分の立ち位置がはっきりわかるとともに、友だちとの位置関係まで捉えているということの証左です。

「空発問」によって表出した子供たちの思い（意味場）は板書によって可視化される！　67

# 一つの発言にも複数の意味が含まれる！
## ―子供たちの発言は内容ごとに分けて場所を変えてもすべて板書する！

**■板書の書き出し** 一人の発言でも内容によって分けて板書する

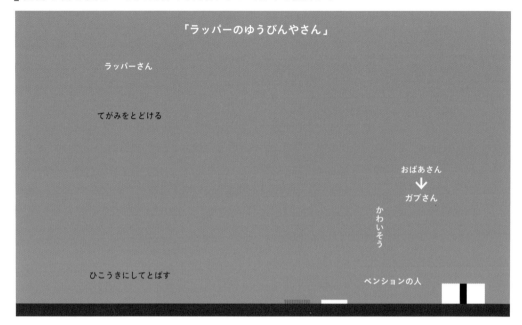

**■板書の完成形**

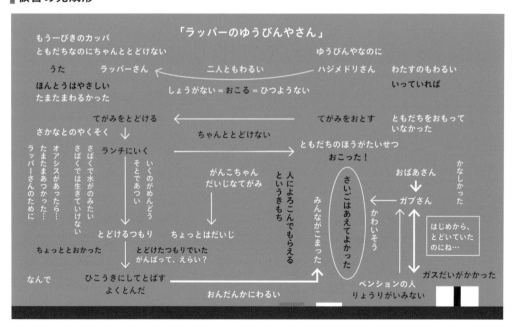

ここではさらに、具体的な板書例を見ていきます。　番組は『ざわざわ森のがんこちゃん』でした。　最初の発言は、

**「ラッパーさんが手紙を届けるんだけど、友だちのことを思い出して、行こうかなどうか迷って、紙飛行機に飛ばして、ペンションの人のとこに行っちゃっておばあちゃんの友だちのガブさんがかわいそう」**

でした。

　このクラスでは、継続して番組を視聴してきているため、子供たちの一つの発言が長くなってきています。　この発言にも、複数の登場人物の行動と思い、そして「かわいそう」という思いが錯綜して言い表されています。　このような発言を一か所にまとめて記すことはできません。　一人の発言でも、内容ごとに黒板のいくつかの場所に分けて記します。　そうすることによって、発言内容が分割され、発言した子供にも、聞いている子供にも、複数の言いたかったことが整理されて伝わります。　そして、子供たちは先生が自分たちの言うことをしっかり聞いてくれていることを感じ、安心して発言できるようになります。

　板書の書き方を、縦書き・横書きいずれかに統一することにこだわりません。　逆に、縦書き・横書き・斜め書きを効果的に使い、板書にアクセントをつけることによって、内容の塊を意識させることができます。

　「てがみをとどける」と「ひこうきにしてとばす」を上下に分けて板書しました。　登場人物は、手紙を届けるのに飛行機にしてしまったのですが、手紙を届けることと飛行機にして飛ばすことは別の意味が含まれると、とっさの教師の判断でそうなりました。　よくないこととも言い切れないし、よいことだとも言えないからです。　また、「ラッパーさん」と「ガブさん」の二人の登場人物を離して板書したのは、二人の島をつくることによって、その間にいろいろな子供たちの思いがこのあとに出てくると考えたからです。

　板書の完成形を見ましょう。　教師は、登場人物を白で、起こったことを赤で、思ったことや考えたことを黄色で表そうとしました。　しかし、起こったことと思ったことは明白に区別できなくなりました。　そこで、もう一色使いました。　前半は黄色でしたが、途中から別の色になってしまいました。　理由は、子供たちの思いや考えが番組から離れてクラス内対話の中から出てくると感じたからだそうです。　担任ならではの感じ方だったのかもしれません。

　ここでは「友だち」という言葉が板書されませんでした。発言には2回出てきていました。実は、書けなかったのだそうです。「友だち」は、この授業の大切なキーワードの一つになるというのはわかっていたのですが、それをどこに書いていいのか瞬時には判断できなかったのです。　だから、苦肉の策として矢印でつないだのです。

　最初の発言から学習のキーワードが飛び出てくることはよくあります。　それを板書することは基本中の基本です。　しかし、黒板のどこに板書するかはとても迷うところでもあります。　このあたりは"修行"を積み重ねていきたいところです。

　「かわいそう」という発言も複数回出てきました。「手紙が届かなくてかわいそう」と「会えなくてかわいそう」に大別されます。前者は「手紙が初めから届いていれば」に、後者は「最後は会えたからよかった」に通じています。

　「かわいそう」とか「かなしかった」という感情の表現の裏には、言葉だけでは言い表せないことが隠されています。　そこをクラスのみんなと見つめていきます。

# 板書は経験を積むことによってそのセンスが磨かれる！

理科において、子供たちの発言のすべてを板書していくと、
事象と事象の間が詰まってきて島（学習内容の塊）の輪郭がぼやけてくる

↓

つながりや相互関係がわかりにくくなって、関係づけや意味づけができにくくなる

↓

イメージマップの機能を低下させない工夫が必要となる

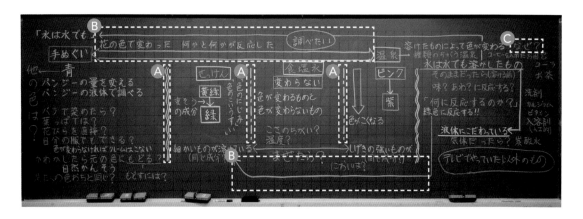

## A.学習内容の区切り

・学習内容によって板書する位置を変えていっても、授業の後半に入ると隙間がなくなり区別しにくくなる
・内容ごとに囲んだり、境目をはっきりさせたりする。そうすることによって、内容の塊（島）がはっきりしてくる。そこをつなげば、関係づけや意味づけが容易になる

## B.上下のスペース

・内容と内容を関係づける時、矢印などでつなぐことになる。そのスペースを確保しておきたい。そのために、黒板の上下を空けておくとよい
・黒板上を風通しを良くしておくと、意味づけする時も板書しやすくなる

## C.最初の発言

・最初に指名した子供の発言をどこに板書するかには神経を使う
・発展性のある発言は、今後の授業の流れを左右してくる
・黒板の中央に板書すると身動きが取れなくなる場合がある。板書は外から中央部へと進む方がよい

●実際の板書が、板書計画通りにいくことはまずありません。では、なぜ板書計画を立てるのでしょう。それは、教科の構造を教師が熟知しておくためです。子供たちのどんな発言でも、黒板のどこに位置づけたらよいのかを瞬時に判断できるセンスを身に付けておくのです。
しかし、授業が進むにつれて黒板は埋まっていきます。それを整理するのは技術です。技術は経験によって磨かれます。
理論と実践の間にあるようなセンスは、教科の構造を表す板書計画によって養い、構造的な板書は経験によって身に付けていきましょう。

埼玉県放送教育研究会の実践の多くが「板書」の仕方に費やされたといっても過言ではありません。それは、板書が「意味場」を具象化したものになるからです。「意味場」は人の頭の中の世界です。それを黒板上に表現し、可視化するという仕事は容易ではありません。しかし、「意味場」の理論が放送教育の創成期における正当な理論を受け継ぎ継承していくものである以上、板書による「意味場」の構造化は避けて通れないところでした。

　その困難さは、板書計画と実際の授業での板書とのギャップが埋まらないところにありました。板書計画は、学習内容を基に子供たちの思考過程を予測して立てられます。学習内容は学習指導要領に拠っていて、精選されています。しかし、番組を視聴した子供の頭の中には学習内容以外の情報もたくさんあって、それらをつなげた広大なネットワークができ上がり、本時の学習内容には収まりきれないのです。また、思考過程も個人差があって、一様ではありません。クラスの人数分の思考過程を事前に察知して計画すること自体、不可能です。そもそもが、学びを放送に委ねながら、その計画を立てるという矛盾した作業をやっているのです。しかし、ここを止揚して放送教育における板書の理想形を求めようというチャレンジを続けてきたのです。

　結果、「意味場」の板書計画は一般的なそれとは違って、学習の完成形を示すものではないという結論に達しました。教科の構造を明らかにして、子供たちのどんな「意味場」であろうと、板書することができる教師の準備のための板書計画としたのです。しかも、授業になったら、その計画は白紙にして、真っ新な状態で子供たちの「意味場」と対峙するのが best だということになったのです。

　そうしたなかにも、いくつかの板書技術があることを認めたのです。それが左ページにあるような「島」（内容の塊）を見えやすくする技術です。島をつくってつなぐという作業は、教科の構造を表すと同時に、「意味場」をも表すのです。ところが、黒板上が文字や絵、図で埋まってくると、島が一つの陸地のようになってつながりや関係性が見えにくくなります。意味が薄れて、事実や知識や思いの羅列になってきます。それを是正するのが教師の技術です。

　まずは、板書の書き出しです。黒板の中ほどに書いてしまうと、板書が黒板の中心から角へと放射状に展開されて、一つの島が大きく形成されていくようになるのです。いくつかの島を生み出すためには、板書の書き出しはなるべく黒板の角から始めることがより better なのです。

　次は、島が生み出されていく過程です。つくられた島を線や囲いで境界線を明らかにするという作業です。境界線は、島と島を分断します。そのことで島の違いを意識させ、つながりに気づかせていくのです。

　そして、島と島をつなぐ航路を線でつなぐ作業です。実線や破線や矢印を使って、相互関係やベクトルをはっきりさせます。そのためには、航路のスペースが必要になります。どこかに隙間を確保しておく必要があるのです。とくに、黒板の上下は空けておいて、風通しがよいようにしておきます。

　以上のことは経験から見つけ出したものです。ある努力を積み重ねていけば身につく技術です。ただし、「意味場」の板書を支えるわずかな点でしかありません。その重要な部分を支えているのは教師のセンスにほかなりません。

　センスはどのようにして磨くのでしょう。教師のセンスは理論と実践の間にあるといってよいでしょう。実践は経験によって積み重ねられます。理論は学問の習得によって高められます。板書の理論獲得の手だての一つが、前述した放送教育の板書計画作成だと考えています。つまり「教科の構造」の熟知です。教師が、子供たちのどのような「意味場」にもビクともしない capacity を持つのです。

# 教師は教室を俯瞰する！

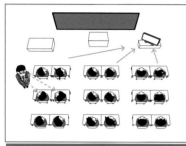

**番組から子供たちと共に学ぶ**
言葉を超えたコトバで会話する

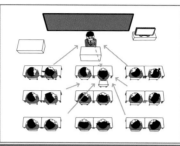

**空発問による、
子供との一対一の対話中**
全体の雰囲気を感知する

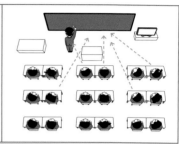

**意味場を構造的に板書する**
後ろ姿で、授業をする

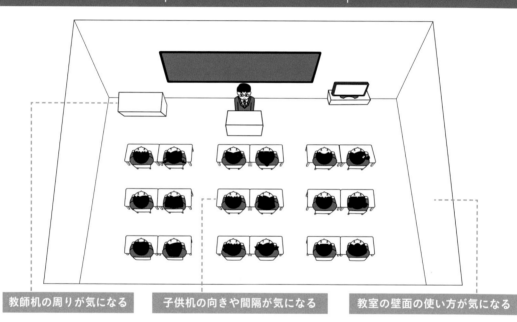

教師机の周りが気になる　　子供机の向きや間隔が気になる　　教室の壁面の使い方が気になる

●教師の身体は子供たちと一緒に教室にあっても、意識は自在に飛び回っています。
放送教育では、教育の一部を放送に委ねています。 委ねている時、教師は何をしているのでしょう。 教師はその存在を学習空間の中で感じ取ろうとしています。 教師と子供たちが一緒に番組を見るのと、子供だけで番組を見るとでは違います（言葉以外のもので対話しているのです）。 それを感じとらなければなりません。
「空発問」をします。 子供たちの多くの反応と教師のわずかなリアクションで学習が展開されます。 でも、教師は発信しているのです。 一対一の対話から雰囲気を感知しています。
教師が子供たちに背を向けて板書しています。 子供たちを見ていない教師は子供の反応を背中で受け取って黒板で対話しているのです。 そんな教師の姿を俯瞰します。
放送に学習を委ねた時、教師は変わります。 放送がつくり出す学習の雰囲気を、全身で感じとらなければならないからです。 だから、教師の姿勢と学習環境が必然的に変わるのです。

第2章の締めくくりとして、「番組視聴中」「空発問による対話中」「意味場の板書中」における教師の働き（機能）について振り返っておきます。

　まず、番組視聴中ですが、教師も子供たちと一緒に番組から学んでいます。時おり、子供たちの学びの様子をそのまなざしや表情、体の動きなどから捉えていきます。つぶやきに反応することもあります。子供たちは、番組からインパクトを受けたときなど、教師に視線を送って、何か言いたげな表情や仕草をすることがあります。教師も、目線や顔の表情でそれに応えます。そこには言葉ではないものによる対話があります。言葉を超えたコトバによるコミュニケーションが生まれているのです。

　空発問による対話では、発言している子供と教師は顔を見ながら受け答えをしています。一対一の対話です。しかし、教師の対応は受動的で、能動的な子供を包み込むように受け止めています。そのほかの子供たちは、そんな子供と教師のやり取りを見ています。発言している子供に視線を送る子供がいます。教師に視線を向け、その反応を見ている子供もいます。教師の視線は、相対している子供に向いていても、周りの子供たちの反応も感じ取っています。見た目には、一人の子供と教師の一対一の応答に見えますが、クラス全体は一つの雰囲気に囲まれているのです。

　そして、「意味場」の板書です。発言した子供はもちろん、みんながその発言がどのように板書されるか注目しながら黒板を見ています。教師は黒板に向かって、思案しながら板書します。黒板に向かった教師の背中は無防備状態になります。子供たちが何をして、どこを向いているかは見えません。しかし、子供たちは教師の背中とチョークの先を注視しているのです。教師と同じようにどう板書するか思案する子供もいます。そんな気配を感じながら板書していく教師の様は、後ろ姿で指導しているかのようです。

　教室内に学びの雰囲気がつくられると、教室そのものの在り方にも目が向きます。子供たちの視線と机の向きは無関係ではありません。教師が子供の視線を意識すれば、当然机の向きや並び方が気になってきます。それぞれ、その学級の雰囲気に合った学習環境（机の配置）をつくり出すのです。最近、コの字型やグループ型の机配置も流行りのようですが、形よりどのように対話が成り立っているかを第一に考えます。

　教室の側面や背面、それに黒板以外の前面は景色になります。見慣れたものですが、ほっと心が落ち着く、あたり前に感じるものであってほしいです。それは学習を邪魔するものであってはならないからです。一歩進んで、学習に役立つ掲示を考えてもよいでしょう。しかし、何でも掲示すればよいといったものではありません。保護者参観の折に、これだけ学習をやっていますというようなことをアピールするような掲示は学習には不要です。「専心」を妨げる環境は要りません。

　教師の机のまわりも同様です。いつも子供たちが見ています。黒板とテレビと教師の机は一体化するのが望ましいのです。雑然と物が置かれているなど論外です。スペースがあるのなら、教室の後ろに教師机を置くのもよいでしょう。教師が後ろから前を子供たちと同じように教室を見ていると、学習の邪魔をするものも見えてきます。

　教師が、意識的に教室にでき上がっていく学びの雰囲気を感じ取ろうとしていくと、自ずと教室を俯瞰するようになります。それは、「行間を読む」「余白の美をみる」といった作業に似ています。見えない部分から必要かつ有益なものを見つけるのです。以上のように、学習環境に目を配っていくと、自ずと授業をしながらも自分の授業を俯瞰することができるようになります。

# 第3章
# 視聴に耐えられる学校放送番組による
# 「放送学習」を再考する

　ある時期まで、学校放送番組ならばどの番組でも「空発問」によって「意味場」を形成し、認識の深まりを求めたり、カンやコツを学ばせたりすることができると考えていました。 つまり、どのような学校放送番組でも「放送教育」の教材になったのです。 だから、新番組が登場すると、積極的に視聴して放送教育研究の実践対象にしてきました。 ところが、セグメント型番組や追い込み型オープンエンドが登場するにいたり、その姿勢はくずれました。 学習を委ねられない番組が出てきたのです。

　学校放送番組は、視聴することによって学ぶようにプログラムされているからこそ「教育番組」なのです。「教育番組」には、学びのストーリー性と芸術性があります。 だから、視聴＝学習になるのです。 それが放送教育です。 映像資料を羅列した「セグメント型」番組や視聴の自由を与えているようで、実は一定方向に誘導していくような、間違った「オープンエンド型」番組はもはや学校放送番組とは言い難くなっています。

　「第3章」では、教科ごとの学校放送番組について考察を加えながら、各教科における「放送学習」のあり方について考えていきます。

# ストーリー性のない番組によって学びを委ねられない学校放送番組が生まれた！

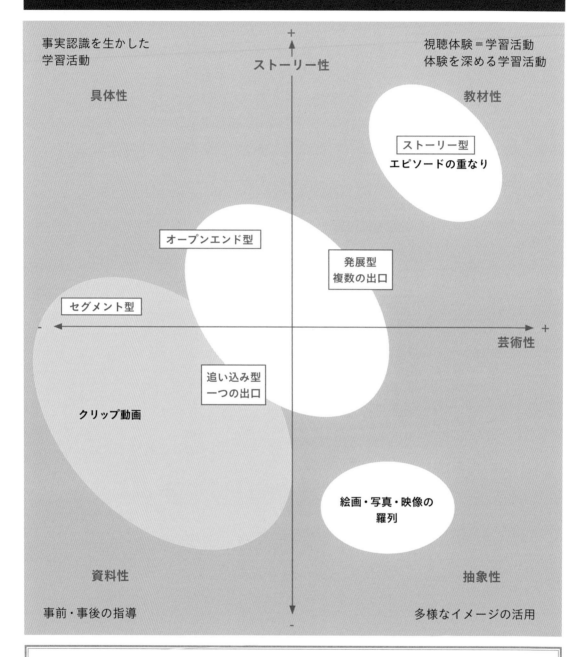

事実認識を生かした
学習活動

具体性

視聴体験＝学習活動
体験を深める学習活動

教材性

ストーリー性

ストーリー型
エピソードの重なり

オープンエンド型

発展型
複数の出口

セグメント型

芸術性

追い込み型
一つの出口

クリップ動画

絵画・写真・映像の
羅列

資料性

抽象性

事前・事後の指導

多様なイメージの活用

●放送教育は、学校放送番組に子供たちを直接学ばせる力があるということと、子供たちも番組から直接学べる力を持っているというwin-winの信頼関係の基に成り立っています。ところが、直接教授性のない番組が出現したのです。だから、子供たちも、番組視聴しても教師の手助けがなければ学べないという状況に追い込まれているのです。そこで、学校放送番組にも「学びを委ねられる番組」と「教えるための番組」とを全く別なものとして扱っていく必要があります。

『 NHK放送文化研究所　年報2019　第63集』に掲載された「教育テレビ60年　学校放送番組の変遷」（宇治橋祐之氏　2019年1月30日公開）には、60年を3つの時代に分け（1959〜70年代テレビ学習放送の拡大期、1980〜90年代放送教育の隆盛と転機、2000年以降放送とインターネットの連動）、さらにそれを5つの視点から学校放送番組の変遷を的確に示しています。

5つの視点とは、

1　社会状況・教育政策（学習指導要領）
2　放送技術・メディア環境
3　番組編成
4　番組内容（構成・演出）
5　番組利用・番組研究

です。

　学校放送番組は、時代と共に変わってきました。とくに、その演出に「オープンエンド型」とか「セグメント型」と言われる手法がとられるようになると、「番組にはストーリーがある」とあたり前のように言ってきたことさえも崩れてきました。ストーリー性のない番組を「番組」と呼んでよいのかという疑問も湧いてきます。

　例えば、「オープンエンド型」の番組と言いますが、初期の頃と今では大きな違いがあります。「オープンエンド」とは、番組が結論や答えを出したとしても、さらに学習が広がることを意味していました。ところが最近の「オープンエンド」は、学習内容の一つの出口だけを空けておいてあとは塞ぎ、そこに追い込むというものが多いのです。それは、「誘導型」と言ったほうが適切です。そのような番組になってきた背景には、教師たちの「結論は言わないでほしい」「そこからは教師が指導したい」という要望があるからでしょう。つまり、学習の主体は教室の教師であって、番組から子供たちが直接学ぶということを理解できない教師が増えてきたということでもあります。

　番組のストーリー性というのは、番組にいくつかの学びのエピソードがつながって存在しているということです。つながっていれば、そこに関係づけがなされ、意味づけも生じます。そして、芸術性は、映像による繊細かつダイナミックな認識の仕方のことです。コトバを介することがなくても、物事の核心を突く力です。ストーリー性や芸術性から紡ぎ出していくものは個性的で多様になります。反対に、低ければ画一的で、同じようにわかったつもりにさせることになります。

　もともと、「意味場」形成は個々の経験・知識・性格・感性・環境・心身の状況などによって異なってくるものですが、番組のストーリー性と芸術性が高いほどそれは顕著になってくるのです。ですから、放送教育ではストーリー性や芸術性の高いものが「よい番組」と言われてきたのです。しかし、現状ではマニュアル的How to的番組、テレビ紙芝居のようなセグメントを並べただけの資料番組が主流になりつつあります。そのようななか、どのような学校放送番組でも放送教育として視聴できるということが困難になってきたのです。どこから、どこでも、どこまで視聴していいという番組を「番組（プログラム）」として扱うことはできないのです。

　本書の冒頭、学びを委ねるICT活用と、教えるためのICT活用を全く別なものとして考えることを提案しました。学校放送番組も、学びを委ねられる番組と教えるための番組とは全く別なものとして考えたほうがスッキリします。

# 映像も伝達のための手段（記号）としてみると視聴覚の世界観が現れる！

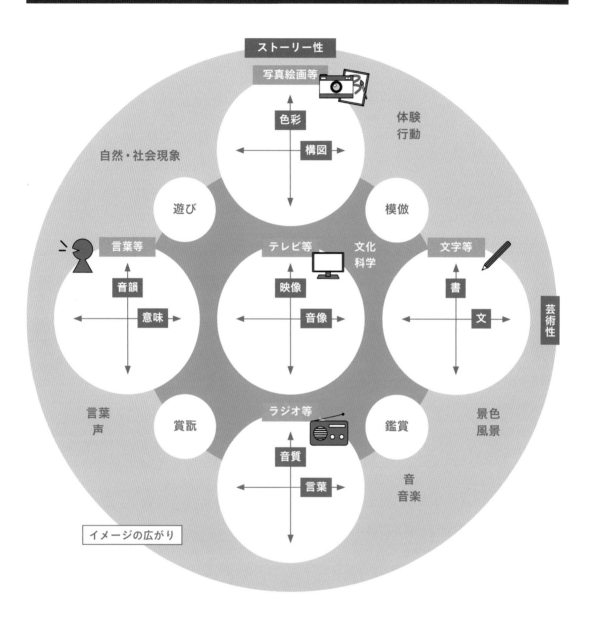

●コミュニケーション手段としてのコトバに映像と音像によってプログラムされた番組を加えた世界では、視聴覚の芸術性が高まります。それは、言葉（理性）だけでは伝えきれなかったカンやコツといったものが養えるということを意味します。学校放送番組を中心にした視聴覚の世界では、コミュニケーションの幅が格段に広がっていくのです。

ストーリー性と芸術性を高めるということは、視聴覚教育全体にも言えることです。視聴覚教育というと、「百聞は一見にしかず」といったように「見てわかる」ということが重要視されがちですが、「見てわかる」にはその過程（ストーリー）と感動（芸術性）が欠かせません。世の中にある見えるもの聴こえるものは、そのままでは伝達手段にはなりません。見た人、聴いた人の心（頭脳）の中で化学反応のようなものが起きる必要があります。それが「感覚・思考・行動」と呼ばれるものです。感じて、考えて、行動することによって、自然界にあるもろもろのことの芸術性が高まるのです。そして、言葉を超えた"コトバ"でのコミュニケーションを可能にするのです。

　「見てわかる」ということは、実際的な行動があって、それが言葉（理性）へとつながっていなければならないのです。しかも、それはヒエラルキー的に積み重なっていくものではなく、広がっていくものだと考えます。そこで、左図のように、見ること・聴くことのできるものを番組（プログラム）として映し出す「テレビ」を中心にして「視聴覚の世界観」を表してみました。

　「テレビ等」とは、ディスプレイやスクリーン、タブレットやスマホなど、あらゆるメディアから映し出される番組（映画番組も）を含みます。それがなぜ、中心に来ているのでしょう。それは、テレビ番組が、自然や社会現象（体験）から言葉（理性）までのほとんどを網羅して映し出せるからです。テレビを過大評価するつもりはありません。しかし、テレビとインターネットが連動し、AIが組み込まれていっても、画面（ディスプレイ）を視聴して認識するという行為は変わりません。将来、「テレビ」という言葉が無くなることはあるかもしれません。しかし、今あるテレビの機能や社会への影響がなくなることは無いと思います。テレビによる「一億総白痴化」と言われた裏には、テレビが人間社会を変えていく大きな力があることを予感する人々が出てきたということでしょう。テレビが教育に与える影響はいつも大きいのです。それを「道具」にしてしまうというのは傲慢すぎるのではないでしょうか。何度も繰り返しますが、「テレビに学びを委ねる」ということは、テレビの力を最大限に活かすことなのです。だからこそ、「番組（プログラム）」の重要性が増すのです。

　テレビの上下に位置するのが、「ラジオ等」と「写真絵画等」です。ラジオは、世の中に存在して聴くことのできるものを番組（音像）として流してくれます。「ラジオ等」とは、さまざまなメディアを通して流れ出てくる音像の番組すべてを含みます。「写真絵画等」は、自然現象・社会現象から文化・科学・創造など、視覚によって認知できるテレビ以外のすべてのものを指し、静止画やマンガや絵本、彫刻も含みます。

　テレビの左右に「言葉」と「文字」を位置づけます。「言葉」は、人が発生する音声（記号）に意味を持たせ、伝達手段としたものです。「文字」は、言葉を表象化して伝達手段としたものです。この二つは、番組を構成する重要な要素であり、テレビ以外の言語表現すべてを指します。

　そのどれもが、固有の伝達機能も持っています。その中心に位置した「テレビ」（番組）の特殊な伝達機能を教育に活かしたいと考えます。それは、どの教科においても言えるはずです。実際、いろいろな教科の番組や教科をまたいだ番組も増えています。しかし、「教えるため」の番組が多いのです。各教科等では、学ぶ対象が違いますが、認識の過程があることと教科に応じた美しさ・芸術性はあります。以下、各教科等における番組の可能性を探り、学びを委ねることによって子供たちが獲得していく力について考えていきます。

# 国語力も番組視聴によって高めることができる！

## 「空発問」と「意味場」を表す板書で、言語環境が変わる

| | |
|---|---|
| 「空発問」で発言の仕方や内容が変わる<br>⇒聞くこと・話すことが上手になる | 板書の仕方で書くことへの姿勢と内容が変わる<br>⇒読むこと・書くことを大切にする |

### このことが継続されていくことによって……

- 表現したいことが増える → 発言することがあたり前になる
- 認められることが当たり前になる → 教師から促さなくても、発言するようになる
- 友達の発言をも認めるようになる → 友達の言葉により深く耳を傾けるようになる
- 自分の言葉が丁寧に板書される → 文字や文で表すとわかりやすくなることを知る

---

聞く・話す・考えるという一番大事な国語力が身につく

（心も傾ける）　　　　　　　　（心が入るので“聴く”になる）

## 聞く力が聴く力に！

聴く力が、話す力とともに、言葉を文字や文・文章で表現する意欲を引き出す

---

思いをはっきりさせたい　　　　　　思いを残したい

| 聴く・話す力 | 伝えたいという<br>欲求 | 読む・書く力 |
|---|---|---|

思いを話したい　　　　　　　　　　　　　　思いを書きたい

---

● 「意味場」の板書は、聴く・話す力と読む・書く力を結びつける力があります！　だから、子供たちはノートに板書を丸写ししません。黒板から言葉と文字を選んで記し、そこに思ったことや考えたこと、つまり伝えたいことを加えて書きます。

学力の中でも、「表現力」の低下を憂慮する声は収まりません。「表現力」向上のためには、国語科で養う幅広い国語力の向上が同時に必要です。しかし、国語科の学習だけで養えるといったものでもありません。そこで、国語科という枠から離れて「放送教育」という視点で国語力の向上を図ってみましょう。

　子供たちは「何でもいいから言ってごらん」という「空発問」に対し、戸惑いを覚えます。しかし、次第に柔軟に対処していきます。何でもいいのですから、友だちの真似もします。ただし「○○さんと同じです」とは言わないようにします。なぜなら、もともと違うものなのですから「○○さんと同じように……と考えました」という発言になります。真似をした発言でも、その子らしさを表現したことを認めます。子供たちは、こうして自分の話したいことが相手に伝わる喜びを得ます。話すことにも自信を持ち、友だちの意見も聞くようになります。

　子供たちの発言はすべて板書されます。言葉・位置・色・大きさの違いに関係や意味を見つけます。それが、構造化されていきます。板書された自分の言葉を見ている子供たちは、自分の発言が授業でどのように生かされているかを知ることになります。加えて、友だちの言葉とつながった矢印を見て、自分の言葉と友だちの言葉が結び付いていることにも気づきます。言葉から意味を読み取ることの面白さは、文字で表現されることでわかっていくことを知るのです。

　このような、子供たちの思いのベースには「自分の学びが友だちの学びにも役に立っている」という所属感や自己肯定感があります。それをつくり出すのが、「空発問」によってタクトを感知する教師の姿です。子供たち一人ひとりの言葉に耳を傾ける教師と子供は水平関係になります。心底、認め合うことができます。絆が深まります。話すことも聞くことにも気負わないようになります。力が抜けるのです。

　「意味場」の板書には、子供たちのすべての発言が「マップ」として記されています。マップというのは、関係づけたり意味づけたりした軌跡です。短い言葉が場所と色によって意味が付加され、矢印や線によってつながれたところに意味が生まれています。ここで、言葉を文字にして文や文章にすると意味が膨らむことを体感するのです。ですから、板書を丸写ししただけでは自分の思いを100パーセント表現できないことを体得していくのです。

　ここに、ノートをとる必要性が生まれます（書かされるのではなく、書きたい思いがあるのです）。1単位時間内で、ある程度書く時間は確保します。また、家庭学習にすることもできます。もともと、言葉を文字や文章に表すにはある程度の技術と努力が必要です。書くのが苦手な子もいます。しかし、身に付いた聴く力と話す力が板書から読み取る力を引き出し、書く力を増殖します。根気強く取り組みたいものです。

　このような、共に学ぶ雰囲気は、言葉や文字・文章で表現することの大切さを教えます。人は本来、自分の思いを伝えたいはずです。しかし、技能不足や羞恥心や不安感や性格などによって、簡単にできないことも少なくありません。放送教育によって生み出される雰囲気は思いを伝えるという行為を容易にします。書いて伝えるということにも積極的に取り組ませます。そうして、ふだんの授業も変わってきます。関係づけたり意味づけしたりする学習活動が増えます。ですから、国語だけでなく、算数や道徳などの、ノートも変わってきます。それによって教師は子供たちのノートを読むことが楽しくなります。まとめに書かれる感想だけではありません。吹き出しや線や矢印で関係づけや意味づけをしたところにも、子供たちの思いがあふれています。子供たちのノートに、教師は大きな喜びを感じるでしょう。

# 国語番組を活用してコトバの面白さを学ぶ！

あたり前に使っていた「ことば」の面白さに気づく！

詩・俳句・短歌や言葉や文のきまりごと…

| なに、それ？ | 意味、わかんない？ | なんか、聞いたことある!? |

「面白い！」に変える

「故事成語」「ことわざ」「詩・短歌・俳句」「こそあどことば」「オノマトペ（onomatopoeia）」「変身単位」「慣用句」「方言」「熟語」「つなぎことば」「古語」「ことばあそび」「忌み言葉」…

**「ことば」と出会う番組視聴**

ふだん、意識しないで使っている「ことば」…

- ●「そういうことだったんだ」→見直す
- ●「そういわれると、面白い」→見つける
- ●「初めて知った」　　　→出会う
- ●「使ってみたい」　　　→まねる
- ●「やってみたい」　　　→つくる

**番組が「ことば」と出会う場をつくってくれる**

●言葉はつくられていくもの、そして、変化していくものということを実感できます。だから、言葉の決まりを守ったり、大切に使ったりしていこうという意識も生まれます。
また、昔使われていた日本語に接して、一言一句が持つ雰囲気や言葉のつながりのリズムを感じ取ることによって、日本語をいつくしむ心情も養えます。

国語科の番組は、言葉に関するものとお話に関するものとに分かれるようです。

まず、前者から見ていきます。「故事成語」「ことわざ」「詩・短歌・俳句」「言葉の決まりごと」などを扱った番組があります。番組にストーリー性があるとは言えません。しかし、「ことばの面白さ」を伝えられる番組になっているために、ある程度の芸術性が認められます。言葉に対する直観的な気づきや、感性を磨けると思わせる場面が随所に見られます。文字に書かれたものを読んでも理解することは難しい場合でも、番組を視聴すると、言葉の由来や意味、読み方やそのリズムが違和感なく自然に頭の中に入ってきます。「面白い！」と感じるのです。そして、「わかった！」という思い（感性的理解）も抱きます。「面白い！」と「わかった！」は、次に「使ってみたい！」や「つくってみたい！」という活動につながってきます。

国語の教科書にも「故事成語」「ことわざ」「詩・短歌・俳句」「言葉の決まりごと」などを扱った単元があります。その場合は、番組とその単元とをリンクさせて視聴することが考えられます。番組視聴は言語体験になります。体験したことを再び教える必要はありません。思い思いに使ってみればよいのです。

しかし、視聴体験したからといって、「さあ、やってみよう」といっても子供たちがすぐに動き出すわけではありません。ここでも「空発問」が生きてきます。「教えられる」「やらされる」「つくらされる」という意識を持たせることなく、「使いたい」「つくってみたい」という思いにさせていきます。そんな雰囲気を教室内につくり上げていくわけです。そのためには、「そうだったのか」とか「わかった」「面白い」という思いを大切に育てていくことが必要になります。「空発問」によって、黒板にイメージマップを描いていってもよいでしょう。また、思い思いに発言させた「話し合い」によって、活動への機運を高めるといった方法もあるでしょう。

番組と教科書単元の内容が一致していない場合もあります。そんなときでも、「並行学習」として、番組を年間学習計画に取り入れます。教科書単元における言語活動との相乗効果を図り、豊かにしていくのです。子供たちは、幼いころから「コトバ」を自然に覚え、使ってきました。それが学校へ入ると、語句や漢字を覚えさせられるようになります。それだけに、「コトバ」の面白さや「コトバ」を使う楽しさを感じる機会は少ないと思います。

番組は、そこにメスを入れます。「そういうことだったのか！」「そういう使い方もあるのか！」と、あたり前だったことが驚きや不思議さや面白さに変わっていきます。そのような思いをもって言葉の学習に臨めるのです。その場合、1単位45分のすべてを使わないことも考えられます。

一方で、視聴体験の積み重ねによって言語に対する感じ方や考え方や使い方を豊かにしていきます。そして、もう一方にある教科書単元での言葉の学習を受動から能動へと変えていくのです。

国語番組はストーリー性が薄いために、認識の過程を大切にするといったことより、芸術性を重視します。言葉を「聞く・話す・使う・書く」楽しさを味わわせることによって、言語感覚に対するカンやコツを養っていきます。そのためには、番組で年間通して視聴できるように並行型のカリキュラムを立てられるとよいと思います。

## 物語を聴くことの喜びが自分を表現することの喜びに変わる！

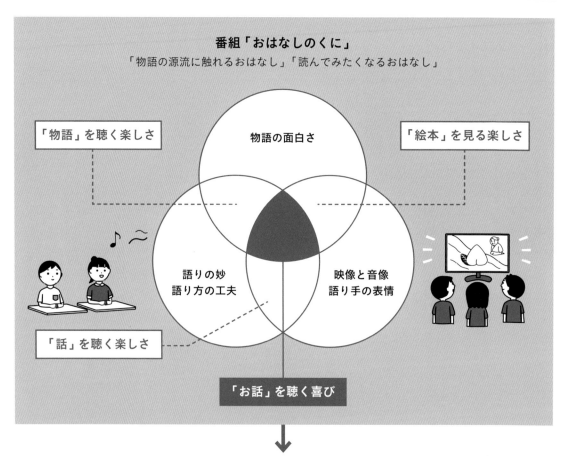

番組「おはなしのくに」
「物語の源流に触れるおはなし」「読んでみたくなるおはなし」

「物語」を聴く楽しさ

物語の面白さ

「絵本」を見る楽しさ

語りの妙
語り方の工夫

映像と音像
語り手の表情

「話」を聴く楽しさ

「お話」を聴く喜び

一人ひとり子供たちの読書に対する姿勢の差異を均す！

■学習のスタイル　視聴後の活動には自由度がある

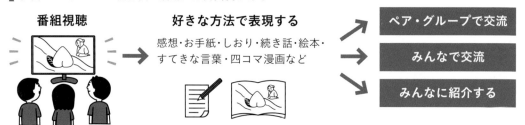

番組視聴

好きな方法で表現する
感想・お手紙・しおり・続き話・絵本・
すてきな言葉・四コマ漫画など

ペア・グループで交流

みんなで交流

みんなに紹介する

●学校の教育活動の中に、物語の世界に浸る時間が確保されているということは、ゆったりとした時間があるということです。その時間の流れの中で、物語を楽しみ、物語の面白さを感じ取り、物語を聴く喜びを得ます。そこには、自分を表現する楽しさ、面白さ、喜びを感じることのできる余裕もあります。

1990年に始まった『おはなしのくに』は長寿番組の一つです。10分番組にリニューアル化されましたが、構成の仕方はあまり変わっていないようです。放送される年間20本の物語は、「物語の源流に触れること」「読書が好きになるおはなし」をテーマに選択しているそうです。
　この番組に対しては、
　「読書が苦手な児童も物語の楽しさを味わい、自分の好きな表現で楽しむことができる」
　「イメージを広げながら読み聞かせを楽しむことができるので、読書指導に適している」
　「物語に対する嗜好・関心・意欲・能力などに関係なく、自分なりに『物語』を楽しめる」
などという評価が与えられてきました。この番組は、誰もが潜在的に持っている「お話を聞くのが好き」という本能的な感覚を喜びに変えるといっても過言ではないでしょう。
　では、その理由はどこにあるのでしょう。番組は、毎回ユニークな語り手が趣向を凝らして語りかけてきます。当然、ストーリー型になります。時間の経過とともに、子供たちは物語の世界に引き込まれると同時に、頭の中に（意味場）自分の物語の世界を創りだしていきます。また、芸術性も豊かです。子供たちは、直観的・感覚的に登場人物や場面を理解し、創りだした世界を個性的で豊かなものにしていきます。
　ここには、「テレビで物語を聴く」ことと「テレビで物語を見る」こととのコラボレーション効果が生かされていると考えます。物語のストーリー性と番組の芸術性が見事にマッチしているのです。それは、図書館司書や図書ボランティアによる「読み聞かせ」を聴くということとは違います。また、演劇や人形劇、紙芝居といったものを見ているのとも違います。語り手の表情と挿絵やイラスト、効果音や音楽などと一緒に、語り部から物語を聴いているのです。
　番組のストーリー性は物語のストーリーだけでなく、語り手の口調や表情の変化、そして画面構成によってつくり出されます。子供たちを物語の世界に引き込んでいく過程がストーリーになっているのです。また、芸術性は、先を予測したり、場の変化を感じたり、時間をさかのぼって物語にない部分を想像したりしながら、思い思いに感性を働かせるところに生じています。
　子供たちは、自由自在に物語の世界を飛び回ります。このことが、読書に対する好き嫌いや読解力の有る無しといった個人差や能力差を均（なら）してしまいます。均すというより、「読書好き」の格差という概念が払拭されるといったほうが適切かもしれません。どんな捉え方や読み方をしても、そこに優劣はないのです。そんな学習の時間が教室にあっても許されるでしょう。「教える」「教わる」といった教師と子供の関係を崩すのです。
　では、番組視聴後にはどのような学習活動が待っているでしょう。「お話の時間」として、継続的に聞くことを積み重ねることに意味を見いだして「視聴するだけ」でも十分という考えもあります。しかし、それではちょっともったいないような気がします。お話を聴き終えた直後の頭の中にあるもの、つまり「意味場」を覗いてみたい気がします。できたら、学習にも生かしたくなります。
　「見せられる」「聞かされる」といった受け身の学習から解放された子供たちは、逆に自らの欲求（聴きたい、話したい、表したいなど）を露わにします。お話を聴き終えたあとに残る思い、ゆさぶられた心には能動性が生まれます。何でもいいからこの思いを表したい、伝えたいという感情が芽生えます。その欲求を叶えさせてあげましょう。好きな方法で表現してゆくということは、その表現によって自分らしさや良さを発信していることになるのです。

# 音（音像）だけで味わう「物語の世界」にもそれなりのよさがある！

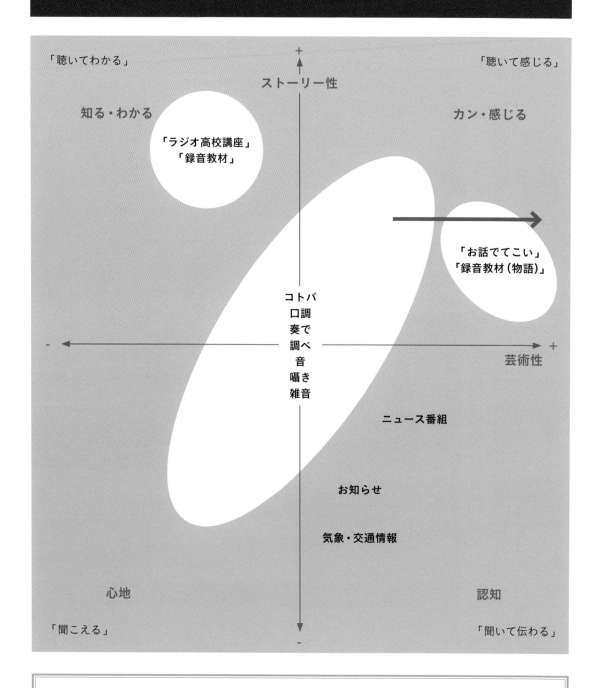

● ラジオは、耳から入ってくる情報とは全く別の情報が目から入ってきても聞くことはできます。いわゆる、「ながら〜」です。でも、聞こえている世界に入り込むと、目に映る景色とは別の景色が頭の中に浮かんできます。聴覚情報が、視覚情報を凌駕してしまうのです。「聴く」ということは、目には見えぬものが見えてくることです。風のささやきや雪の降る音や空気の色、そして、人の心が見えてくるのです。

学校放送番組の歴史は「ラジオ」から始まりました。 しかし、テレビの登場以来、番組数は激減して今ではラジオ第2放送の幼稚園・保育所向けゾーンにある『お話出てこい』の年少向け・年中向け・年長向けの3本と『高校講座』だけになってしまいました。 だからといって、ラジオがテレビに劣るというわけではありません。 ここでは、ラジオで「お話を聴く」ということについて考えます。

　ラジオで聴く物語のストーリー性は、ほぼ物語にあるストーリー性だと言ってよいでしょう。効果音や読み手の口調によってストーリー性、つまり認識の深まりを期待することはできますが、映像ほどではないでしょう。 すると、相対的に芸術性が高まることになります。カンを働かせるのです。ストーリーの時間進行の先を予感したり、元に戻って想像したりします。また、ストーリーには表現されていない風景や色や音を感じたり、 登場人物の顔や表情、服装なども思い浮かべます。 そういった意味では、ラジオのほうがテレビより勘働き効果が高いと言えます。

　ラジオ聴取では、目は開けているのに、入ってくる情報は音や言葉だけで（視れども見えず）、音像に全神経を集中させて聴くことになります。 それは、視覚情報に邪魔をされないといってもよいでしょう。 ただし、車を運転しながらラジオを聴いたり、勉強や読書をしながらラジオを聴いたりするということもあります。 視覚情報と聴覚情報をある程度コントロールすることも可能なのです。

　教室でラジオを聴く場合は、見えているのはいつも目にしている教室の風景です。 そして、頭の中には物語の風景が見えています。 初めは、二つの風景が交互に見えている状態もあります。しかし、徐々に頭の中の風景に入り込んでいけば、目に見えている風景も物語の一部になってしまいます。 つまり、聴くことによって形成される「意味場」が、見ることによって形成される意味場に勝るのです。

　こうしていつの間にか、ラジオの物語の世界に入り込むと同時に、自分だけの物語の世界をつくり上げていくのです。 このような経験の積み重ねによって、聴く力も自ずと付くようになると考えられます。 そして、言葉や音にも敏感になり、物語を聴く喜びをさらに味わうことになるでしょう。 以下、ラジオによる物語聴取についてまとめます。

**ラジオ特性**
・情報を「音」だけで伝えるメディアです。（音像＝音によって意味場が形成される）
・相対的にストーリー性より芸術性が高くなるので、感性をより働かせることになります。

**聴取の価値**
・映像の時代にこそ必要な、視覚に頼らない想像力や勘働きを養うことができます。
・自由度の高い意味場を形成して、個性的に共感や反発を繰り返しながら、相対するものを止揚することができます。

**聴取体験の積み重ね効果**
・美しい日本語に触れる機会が多くなるので、言語感覚を磨くことができます。
・言語感覚を磨くことによって、言葉をていねいに扱うようになります。
・言葉をていねいに扱うことによって、言葉の大切さを実感できるようになります。
・音像によって、想像する楽しさを味わうことができます。
・想像することによって、風のささやきや雪の降る音のような、音を超えた音を聴き取ることができるようになります。

　このようなことからも、ラジオの学校放送番組の復活と聴取教材の充実を望みたいものです。

# 「テレビ旅」「テレビでたんけん」で地域の様子やそこに生きる人々の工夫や努力を学ぶ！

## ▊「テレビ旅」「テレビ探検」型番組

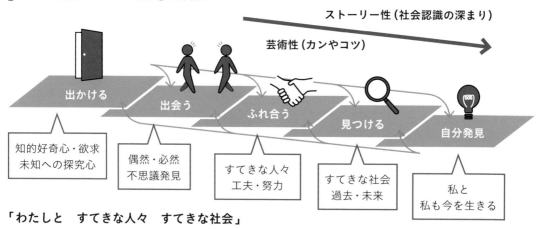

「わたしと　すてきな人々　すてきな社会」

番組と一緒に、旅や探検に出かけた体験の積み重ねが郷土に対する愛情とその一員としての自覚を育てる。

## ▊「テレビリポート」「テレビ発表」型番組

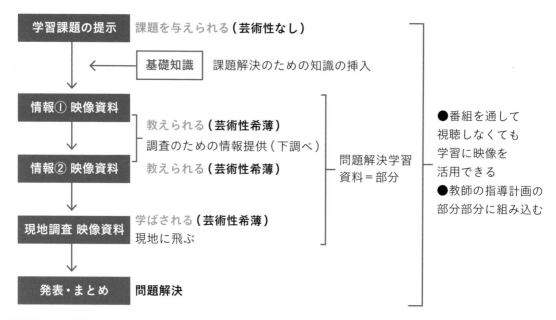

番組からの情報を切り取って、教室での社会科学習に役立てることによって社会認識を深めていく

●「旅や探検」型の番組と「リポート・発表」型の番組は、全く別物です。前者は、人が持っている知的好奇心や探究心から出発します。後者は、指示や命令によって目的をもって出発します。前者には学習を委ねられますが、後者はしっかりとした指導が必要です。

学校放送番組開始以来、地域学習を扱う社会科番組には優れたものがありました。とくに、高学年向けに制作された『テレビの旅』は長く親しまれて、現在の「旅番組」の先駆けになったのではと思われるほどです。人々は「旅」に憧れます。見知らぬ地に行って見たい、見知らぬ人々に会ってみたいという思いは、もともと私たちの DNA に組み込まれているのかもしれません。ですから、子供たちもテレビが映し出す地域や各地の様子を見ながら、自らが旅をしているように楽しく学んできたのです。

　中学年の場合、身近な地域から学んでいきます。そこでの番組構成は「旅」というより「たんけん」(探検)という形になっていきます。「旅」も「たんけん」も基本的なストーリーは同じです。「出かける」「出会う」「触れ合う」「見つける」「自分発見」というエピソードが重なりながらつながっていきます。そのストーリーをたどりながら、社会的事象に対する認識が深まっていくのです。

　まず「出かける」では、「旅」に「たんけん」に出かけること自体が目的になります。出かけなければ始まらないのです。出かけることに高揚感を得るのです。その、ワクワク感が子供たちを「専心」させます。つまり、番組と一緒に旅や探検すること以外は子供たちの頭の中からは排除されていくのです。「旅」や「たんけん」の先には、必ず「出会い」と「ふれあい」があります。それによって、納得したり疑問を持ったりしながら、問題を意識したり学習課題を見つけたりします。その答えを見つけていくうちに、地域と自分との関わりを感じたり見いだしたりもします。そこに旅や探検の様子を記録することへの欲求を持ったり、発表したりすることへの楽しさを味わったりすることもできるようになります。

　そこで、「空発問」です。子供たちは、思い思いに旅や探検の様子を表現します。それを、イメージマップにまとめていきます。そして、でき上がった「島」をつなげていけば、それはもう旅の記録や探検地図になります。そのような「テレビ旅」「テレビ探検」のマップづくりの経験は、実際に地域を探検するときにも実際に出かけないときにでも、地図や資料などで調べるときにも役立っていきます。

　しかし、最近の社会科番組は「旅」や「冒険」というより、「調査」に出かけて調べ、それをまとめて報告するといった方式をとっているものが多いようです。つまり、直接調査に行けないから代わりに番組が調査してくるといったものです。実際に行けないところへ番組が出かけていくというのもそれなりに一つの番組特性は生かしているのですが、資料性が強く、ストーリー性と芸術性は共に希薄になります。また、調査目的は子供たちに指示する形になっているため、学習のスタートは受け身になります。受け身の子供たちを能動的にするために、クイズで問題を出したりある程度の知識を与えたりしますが、どうしても一つの方向に誘導していくようになります。

　このような誘導型の番組は、全部を通して視聴させる意味もなくなっていきます。誘導させるのなら、教室の教師のほうが子供たちの実態を把握しているぶんだけ上手なのです。つまり、必要な映像資料を取り出して、教師の指導計画の中に組み込んでいくほうが映像を生かすことができます。これは、もう放送教育ではありません。

　中学年の新番組『コノマチ　リサーチ』は、以前のように「たんけん型」の番組になっています。高学年番組も、「旅型」の番組が再び登場することも期待できます。日本の各地や地域を旅したり探検したりしながら、人々の工夫や努力に触れ、自分と社会事象とを結び付けていく経験は、日本や郷土を愛する心を養います。

**テレビで、歴史上の人物を身近に感じその生きざまに関心や興味を持つ！**

教師の手だて

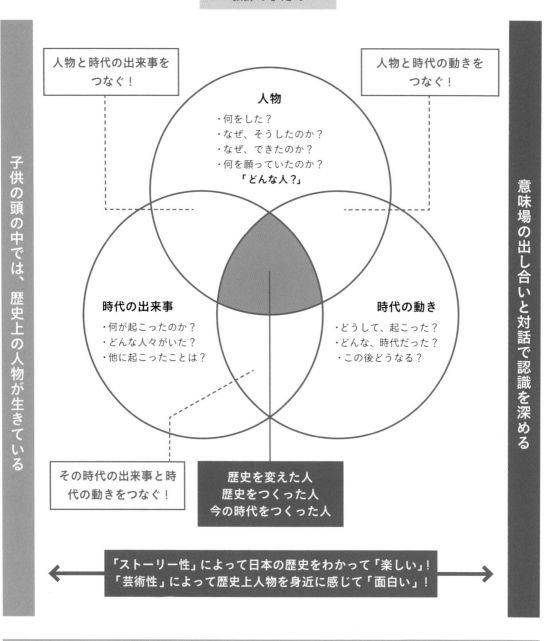

人物と時代の出来事を
つなぐ！

人物と時代の動きを
つなぐ！

子供の頭の中では、歴史上の人物が生きている

意味場の出し合いと対話で認識を深める

**人物**
・何をした？
・なぜ、そうしたのか？
・なぜ、できたのか？
・何を願っていたのか？
「どんな人？」

**時代の出来事**
・何が起こったのか？
・どんな人々がいた？
・他に起こったことは？

**時代の動き**
・どうして、起こった？
・どんな、時代だった？
・この後どうなる？

その時代の出来事と時
代の動きをつなぐ！

歴史を変えた人
歴史をつくった人
今の時代をつくった人

「ストーリー性」によって日本の歴史をわかって「楽しい」！
「芸術性」によって歴史上人物を身近に感じて「面白い」！

●番組は、歴史上の人物を今の時代によみがえらせます。子供たちにとっては、歴史上の人物も今を生きる人になります。生きた人間を学ぶことによって、歴史上の人物に対する理解も深まるとともに、その時代と今をつなぐのです。

歴史学習に対しての子供たちの「構え」には大きな差異が認められます。「歴史大好き」という子供は、人物の名前や出来事など、大人顔負けの知識を持っていることがあります。また、その逆もあります。例えば、「卑弥呼、知っている。魏志倭人伝に登場する邪馬台国の女王だよ」と学習する前からそう言う子供もいれば、「誰それ、なんなの？」と言う子供もいます。「聞いたことはある」程度の子供が一番多いのかもしれません。その、どんな子供たちをも「歴史って、楽しい、面白い」と思わせるのが番組です。「楽しい」という思いは「わかる」ところから生じます。また、「面白い」という思いは「感じる」ところから生じます。歴史番組は、歴史がわかる、歴史は面白いと思わせる働きを持っているのです。

　わからせる働きは、番組にストーリー性があるからです。人物とその時代の出来事と時代の動きのエピソードを重ねながらつなげていくことによって、それらの見方や考え方や扱い方が広がったり深まったりしていくのです。歴史認識の過程、つまり歴史がわかっていく道筋をたどるのです。

　面白いと思わせる働きは、番組の芸術性によってもたらされます。登場人物の表情や動き・言葉やその口調など、映像の力によって時代や場所を超えて生きる人物を身近に感じさせるのです。そのことが、歴史認識を個性的で豊かなものにします。

　番組を視聴した子供たちは、視聴後に個性的ではありますが、「わかった」「面白い」という同じ思いを共有した同じ土俵に上がるのです。同じ土俵というのは、その時代の上ということになります。つまり、番組視聴によってタイムスリップして歴史上の人物が土俵上で動き出すということです。子供たちは自分と同じ人間として歴史上の人物と対峙するのです。

　ただし、番組視聴後に上がった土俵はかなり広いものです。一人ひとりの子供たちのわかり方も感じ方も至極個性的だからです。そこで、「空発問」によって個々の頭の中にある「意味場」を引き出し、黒板に表します。すると、歴史上の人物を中心にして、その時代の出来事と時代の動きの「島」が見えてきます。そこに、それぞれの課題が生まれるのです。人物についてもっと詳しく調べよう、どんな出来事が起きたのか調べよう、どんな時代だったのか調べよう、といった学習課題の発見です。

歴史上の人物を取り上げた番組を視聴すると、次のように学習が進みます。

① 番組視聴によって、「わかった」「面白い！」という同じ土俵の上に立ちます。

　　そして、一人ひとりの頭の中（意味場）で、その子なりに、歴史上の人物が動き始めます。

② 空発問によって、子供たちの「意味場」を黒板上に展開します。学級内での対話によって、

　　歴史上の人物の輪郭が明らかになって、時代背景も見えてきます。

③ 黒板上にでき上がった人物と出来事と時代の動きの相関図によって、わかり方が深まり、

　　感じ方も強くなります。そこに、学習課題が生まれます。

　**歴史上の人物についてさらに詳しく調べようとする。**
　**歴史上の人物が生きた時代に起きた出来事を調べようとする。**
　**歴史的事象の背景にある時代の流れを調べようとする。**

　このようにして、身近になった歴史上の人物を調べることによって、その時代に起きた出来事や時代背景、共に生きたほかの人々に対しての認識を深めていくのです。歴史上の人物を通して過去と現在がつながり、未来も見えてくるのです。

# 数学的な美しさを表現している番組を見ることで
# 数や図形を操作する楽しさを学ぶ！

算数は教えるもの！
テレビで算数を学ぶなんて!?

**番組視聴するからこそできる算数教育があることを、教師は認めることができるか？**
・番組を視聴して「面白い！」と感じたことの意味を掘り下げる
・「面白い！」というのは「あたり前」と思っていたことからの新たな発見
・計算のしかたや、答えの求め方の裏に潜む意味やつながりの美しさを感じる

「わかるから面白い」「できるから楽しい」のその上に行く！

| 算数を身近なものにする | 算数に潜む数理的な面白さに気づかせる |
|---|---|
| 身近に起きている事象を数理的に処理すると、今まで見えなかったことが表れてくる<br>それを体験することによって、算数を学習する意味や有用性に気づく | 数や図形を操作することによって、規則性を見つけたり、その美しさに気づいたりする<br>それを体験することによって算数の学習に隠れている面白さに気づく |

「算数放送学習の時間」を年間通して 10 〜 20 時間程度設けていく

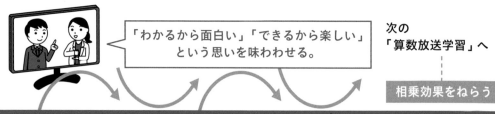

番組視聴

「わかるから面白い」「できるから楽しい」
という思いを味わわせる。

次の
「算数放送学習」へ

相乗効果をねらう

教科書に沿った学習

●「算数放送学習の時間」を設けるのは、「計算ができるようにする」とか「問題が解けるようにする」ためではありません。数や図形の世界の奥に潜む意味や規則性の美しさに触れさせたり、日常的な事象を数理的に処理することの面白さを味わわせたりしたいと願うからです。「算数が好き」な理由の、「計算ができるから」とか「問題が解けるから」ということの一歩上を行って、「算数って美しい」と言わせたいのです。

学校放送番組の中でも、算数番組の視聴率はそれほど高くないようです。また番組数も少なく、短命なものが多かったような気がします。それは、学校現場に算数番組の必要性を認める教師が少なかったことが原因の一つになったと考えられます。

　なぜ、教師は算数番組の必要性を感じなかったのでしょう。それは、教えられるからです。そして、教えることも多いからです。番組でしか学ぶことができないものの存在を認める余裕などないのです。

　算数は、伝統的に系統性を重視する傾向にあります。だから、思考過程の途中を飛ばして直観的に結論を導くことは「思いつき」として戒められてきました。しかし、その「思いつき」には高等数学の発想に近いものも含まれている場合があるのです。番組の芸術性はその閃き・直観を導き出します。加えて、番組のストーリー性がわかる道筋もたどらせるのです。ここに、「番組を視聴することによって学ぶことのできる算数科」が存在するのです。算数番組は、他教科に比べて教科の構造を重視した制作がなされてきました。番組の数は決して多くはありませんが、高い芸術性とストーリー性を兼ね備えた番組になっています。

　以前、『マティマティカ』という番組が制作されました。現在は『マティマティカ2』として、2代目の番組になっています。この番組は、算数に潜む数理的な面白さを扱っていたため、「大人が見ても面白い」と言われました。反面、「大人にはわかっても、子供たちに難しいのでは？」という見方もありました。「大人にはわかるけれど、子供にはわからない」ということは確かにあります。しかし、その壁を崩すのが番組であることを忘れてはなりません。ストーリー性と芸術性を兼ね備えた番組ならば、視聴した子供はその子なりの「意味場」を形成することができるのです。「大人でも面白いのだから、子供はもっと面白い」ということになるはずです。『マティマティカ2』も1代目の番組と同様に、直観的にわかる算数をめざしていることは変わりません。

　現在、算数番組は『マティマティカ2』のほかにも2本あります。それらは、身近な事象を算数的に捉えることによって、私たちの生活の中にも算数が生きていることに気づかせようとしています。その姿勢は『マティマティカ』と共通しています。ですから、算数番組は学年という枠に縛られてはいません。学年を超えて、広く見方や考え方や扱い方に焦点を当てているのです。しかも、継続的に視聴体験を積み重ねていくことによって、直観的にわかる力を養おうとしているのです。もともと、番組を視聴して教科書の学習に活かそうという発想ではないのです。

　そこで、「算数放送学習の時間」を設けるのです。算数の年間指導計画を見直し、年間10〜20時間程度設定できるとよいでしょう。この時間の学習と通常の算数学習と相乗効果で、子供たちの算数に対する認識は大きく変わってきます。

　では、「算数放送学習の時間」はどのように進めるのでしょう。番組のストーリー性は、試行錯誤しながら正解にたどり着くまでの道筋を展開していくところにあります。また、芸術性は試行錯誤の途中でいち早く直観的に気づくポイントが散りばめられているところにあります。したがって、視聴後の子供たちの「意味場」には多様なわかり方が混在することになります。まず、それを「空発問」によってイメージマップに仕上げます。それだけでも、いろいろなわかり方があっていいということを理解できるので意味はあります。さらに、イメージマップの隙間を埋めるように、実際に追体験するのも効果的です。どんな効果かといえば、算数を直感的にわかるという効果です。クラスの実態に応じて、視聴後学習活動の工夫を積み重ねるとよいでしょう。

# あえて観察や実験をせずに放送学習によって自然認識を深める！

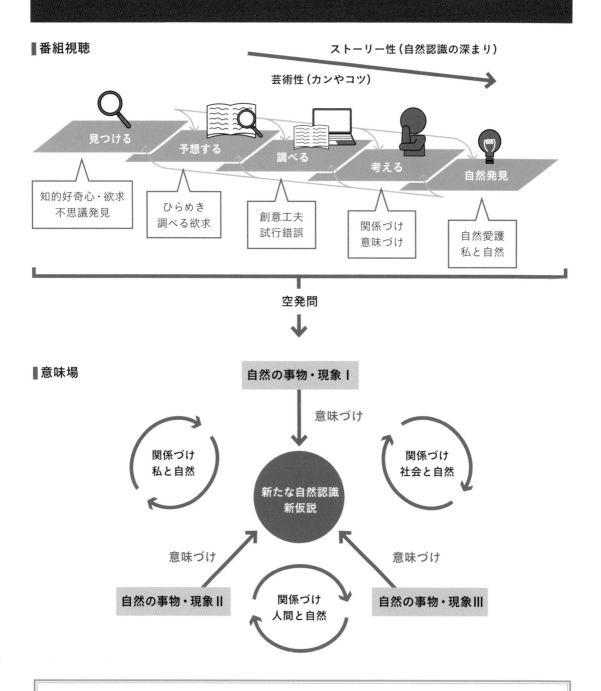

■番組視聴

ストーリー性（自然認識の深まり）

芸術性（カンやコツ）

見つける　　予想する　　調べる　　考える　　自然発見

知的好奇心・欲求
不思議発見

ひらめき
調べる欲求

創意工夫
試行錯誤

関係づけ
意味づけ

自然愛護
私と自然

空発問

■意味場

自然の事物・現象Ⅰ

意味づけ

関係づけ
私と自然

新たな自然認識
新仮説

関係づけ
社会と自然

意味づけ

意味づけ

自然の事物・現象Ⅱ

関係づけ
人間と自然

自然の事物・現象Ⅲ

●観察・実験の重要性は理解しています。しかし、自然認識の方法はそれだけではありません。さまざまな自然事象を関係づけたり意味づけして、さらに直観を働かせ新仮説を導き出したり、観察や実験のコツをつかんだりすることも科学の発展上重要であって、今までの多くの科学的な発見の原動力になってきました。放送理科学習は、自然事象に対して、多様な見方や考え方や扱い方ができる能力を養うのです。

理科番組も長い歴史を持ち、親しまれてきました。番組の使い方もさまざまで、実践研究も重ねられてきました。そこで、いつもネックになったのが、限られた時間の中に番組視聴と観察や実験をどうマッチさせていくかということでした。観察・実験の前に番組を視聴するのか、途中なのか、それとも最後にまとめとして視聴するのか、さらには番組の必要な部分だけ取り出して視聴するなどというものも出ました。多様な教師の要望に対して応えるかのように、番組の中にはどこの部分を使ってもよいようにセグメント型のものも出てきました。

　もともと、45分の授業時間内に番組視聴と観察・実験を取り込もうということ自体に無理があったのです。放送教育の原点に立ち戻ることが必要と考えます。番組視聴による自然認識と、観察・実験による自然認識は別のものとして捉えたほうがよいのです。例えば、一般番組『NHKスペシャル』の科学番組のことを考えるとわかりやすいでしょう。視聴しながら、形象と対話しながら自然認識が深まっていく経験をした人は少なくないでしょう。また、映像の芸術性に刺激されて想像を膨らませたり、直観的に理解したりしながら知る喜びを感じた人もいるでしょう。

　理科番組は、自然認識の過程を重視してつくられています。自然界に潜むエピソードの重なりを映像で表現しています（セグメント型は別物）。ですから、視聴して形象と対話するだけで自然認識は深まります。だからこそ、実際に自然に向かい合ったときの観察や実験の意味や重要性を問いかけてくるのです。観察や実験そのものだけが楽しい理科ではなく、わかったり、感じたり、予想したりしながら、観察や実験を行っていって、自然認識を深めるに至る過程が大好きになるのです。そこでは、実験に対して「成功失敗」などということもなくなるのです。継続した視聴体験による自然認識の経験は、理科の時間の観察や実験の質をいっそう高めていくのです。

　理科番組は、身の回りの自然から「不思議」を見つけるところから始まります。これは、社会科で探検や旅に出かけて問題を見つけるのと同じです。人が持っている知的な好奇心を刺激するわけです。場が設定されるのです。問題や課題を与えられるのではなく、知りたい、わかりたいという欲求に支えられたものなのです。だから、そこに直観が働き、問題解決のためのコツもつかむのです。そして、創意工夫を凝らした観察・実験とその試行錯誤の視聴体験が始まるのです。その過程で、事象同士の関係づけや意味づけがなされ、新たな自然認識に至るのです。自然は子供たちの身近なものになり、自然を愛する心情や自分も自然の中の一員であることを実感していくのです。

　番組視聴後の「空発問」は、一人ひとりの子供たちの自然認識の過程で、感じたことやわかったこと、やってみたいことなどを表出させます。そして、その一つ一つが微妙に異なることに気づくのです。そこに、再び関係づけや意味づけがなされます。形象との対話がクラス内対話になり、さらに自然認識が深まります。その自然認識は新たな疑問や不思議を生み出し、その答えも導き出そうとします。そこに、自然の見方に対する新仮説も飛び出すのです。

　このような学習経験が、理科学習における観察や実験の質を変えます。観察・実験のための観察・実験ではなく、問題解決の過程に一体化した必要不可欠な学習活動として位置づけることができます。そのためにも、番組を見て「わかる」ことと、観察や実験によって「わかる」ことを区別していく必要があります。その「道筋」が違うのです。前者は思考が連鎖し、そこにカンやコツが働き、広がり深まっていくのに対して、後者では思考が収斂され、知識として蓄積されていくのです。その両者の利点を生かすためにも、番組視聴後に必ずしも観察や実験を組み入れる必要はないのです。

# 道徳番組によって心を耕す！

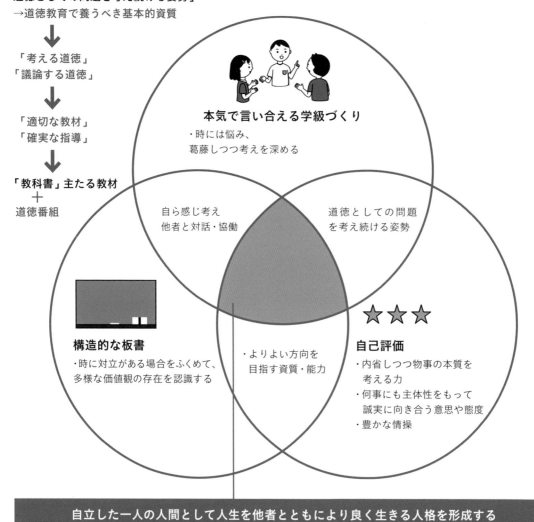

「多様な価値観の、時に対立がある場合を含めて、誠実にそれらの価値に向き合い、
道徳としての問題を考え続ける姿勢」
→道徳教育で養うべき基本的資質

⬇

「考える道徳」
「議論する道徳」

⬇

「適切な教材」
「確実な指導」

⬇

「教科書」主たる教材
＋
道徳番組

本気で言い合える学級づくり
・時には悩み、
　葛藤しつつ考えを深める

自ら感じ考え
他者と対話・協働

道徳としての問題
を考え続ける姿勢

構造的な板書
・時に対立がある場合をふくめて、
多様な価値観の存在を認識する

・よりよい方向を
　目指す資質・能力

自己評価
・内省しつつ物事の本質を
　考える力
・何事にも主体性をもって
　誠実に向き合う意思や態度
・豊かな情操

自立した一人の人間として人生を他者とともにより良く生きる人格を形成する
道徳的実践力！

●「時には悩み、葛藤しつつ、考えを深め、自らの生き方を育んでいく」場は、日常生活の中にあります。道徳番組は、その日常の出来事を描きます。そこには、あたり前のように、多様な価値観が存在し、対立があり、葛藤があります。子供たちは、それらを自分のものとして捉え、友だちや先生と対話し、協働しながら問題を解決しようとします。そんな時間の積み重ねによって、よりよい方向を目指す資質や能力が備わってきます。

道徳番組と教科書では、ストーリー性と芸術性に大きな違いがあります。道徳番組は、そのストーリー性によって考えが徐々に深まっていきます。そして、芸術性によって多様な価値観の存在を感じていきます。したがって、番組視聴前に教材の全体構造や学習課題は提示しません。教科書の場合、教材提示の前に教材内容に関する経験を言わせたり、学習課題を提示したりすることがありますが、その必要はありません。やってもいけません。番組に起承転結があるので、余計なことは言わずに番組に委ねます。そして、みんな同じ土俵の上に上がるのです。

　同じ土俵の上に立つということは、教材内容を一人ひとりの子供が自分らしく捉えられるということです。決して同じことに感動したり、同じ考え方をしたりするということではありません。むしろ逆で、教材という枠の中で（番組の場合、教科書よりも広くなっています）それぞれに思い思いの捉え方をするということです。当然、一人よがりなものもあります。だから、みんなで対話するのです。

　しかし、一人ひとりの思いは繊細で、移ろいやすいものもあります。教師の鋭い発問や、友だちのちょっとした突っ込みでも消えてしまうものもあるのです。だから、「空発問」なのです。教師のすべてを受け入れる姿勢は、子供たちの聴く態度にも影響を及ぼします。友だちの発言に優劣をつけないとか、どんな発言にも耳を傾けて聴くといった習慣を身に付けさせるのです。

　子供たちの発言は、すべて板書します。同じような言葉での発言でも、「意味場」は違うからです。「空発問」による発言には、順番はありません。したがって、どこにどのように板書するかには気を使います。時間の経過や場面だけで板書するのではなく、発言同士のつながりを意識します。

　板書を見ることによって、子供たちは自分の発言と友だちの発言とがどのように結び付いているか、見て考えることになります。教材の中心にあるもの（内包）と、その周りにあるもの（外延）とがはっきりしてきます。どんな対立軸があって、それを支える価値観の違いも見えてきます。そこで、自ら考え、みんなと対話し、よりよい方向を目指していくのです。

　でも、答えがいつも見つかるわけではありません。葛藤しつつ、考えを深めていっても、人はいつも答えを見つけられるわけではありません。また、正しい答えもありません。ある教材を基に、討論し、考えたという学習経験の積み重ねが、将来のよりよい生き方を求める資質や能力になっていくのです。一つの答えを与えたり、方向性を示唆したりすることは「特定の価値観を押し付けたり、主体性を持たず言われるままに行動するようにし、指導したりすること」になりかねません。

　したがって、「まとめ」も一人ひとりの子供たちの考えた軌跡を記録させます。その積み重ねが経験になるからです。頭の中で作業する（考える）ことを記録して表現することは困難を伴います。しかし、映像と音像からイメージしたことを言葉にして対話したことは、比較的記録しやすくなります。文章でも絵でも、自分のやりやすい方法で記録します。自分の思いを整理する時間になります。自分の思いを整理できるということこそ、心が耕されたということの証左になります。

　道徳学習指導要領の指導計画の作成と内容の取扱いの中の3（4）に、「自分の考えを基に、書いたり話し合ったりするなどの表現する機会を充実し、自分とは異なる考えに接する中で、自分の考えを深め、自らの成長を実感できるよう工夫すること」とあります。それは、放送教育が最も得意とするもののうちの一つです。番組視聴によって形成された「意味場」が「空発問」による対話によって起きた心の変容こそ「心が耕された」状態を指すのです。そこは、道徳的実践力が芽吹く「畑」なのです。

# 時代の要請（課題）に応えるために制作された番組で日常の生活を見直す！

## 多種多様な番組の登場

「食」「地域」「環境」「健康」「福祉」「障害」「防災」「安全」「いじめ」「伝統文化」「特別支援」
「キャリア」「小一ギャップ」「メディアリテラシー」「異文化コミュニケーション」「外国語活動」
「情報モラル」「プログラミング」など

「共感を得る」「自分の問題にできる」「技術を学ぶ」「やるべきことを自覚する」

※継続視聴によって学習効果を得られる番組を選択する

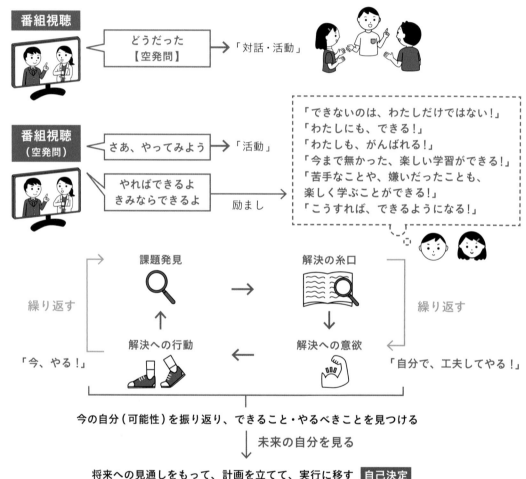

今の自分（可能性）を振り返り、できること・やるべきことを見つける

未来の自分を見る

将来への見通しをもって、計画を立てて、実行に移す　自己決定

●今の自分が、やらなければならないことに気づく。 今の私が、身に付けるべきスキルの獲得。
そのためには、繰り返し学ぶことが必要です。 それを番組の継続視聴が可能にします。 その際、
45分の1単位時間をすべて指導に当てなくてもよい場合があります。 ストーリー性よりも芸術性
を重視して、活動と結び付けたりモジュール的な視聴時間をとったりします。 この場合、番組
視聴そのものが「空発問」になります。

時代の要請に応えるために、さまざまな番組が制作されています。その課題の多様性ゆえに、番組の構成も大きく異なっています。認識の過程を重視するもの、スキルの向上を図るもの、心情に訴えるものといった感じです。

　認識の過程を重視した番組は、教科番組の構成と共通しています。「総合的な学習の時間」で視聴していくことが考えられますが、道徳科の教材としての価値も高いものになっています。そのような番組は、視聴後「空発問」によって個々の「意味場」をクラス全体の「意味場」へと成長させる教科における学習スタイルが効果的です。

　スキルの向上を図るものや心情に訴える番組では、そのストーリー性はもちろん、芸術性をとくに強く意識した番組が多いようです。関心・意欲・態度や表現力・思考力・判断力の高まりを重視しているからでしょう。そのような芸術性にウエイトがかかった番組の場合、子供たちの直観的理解が活動意欲を強く刺激します。「思いをすぐに絵や文字や動作で表現したい」「番組と同じことをすぐにやってみたい」「もっと調べたり考えたりしてみたい」といった「意味場」が形成されるのです。

　そこで、教科番組とは違った視聴後の学習活動を考えていく必要があります。ただし、番組内容が「良いクラスにする」「できないことをできるようにする」「日々の暮らしを見直す」「スキルの向上をはかる」といったように、一朝一夕ではできないことが多いため、繰り返し学んでいくことが必要になります。つまり、「継続視聴」がまず必須の条件になります。当然、時間の確保が難しくなります。そこで、学級経営で重点課題となる内容のものを選択して年間指導計画に位置づけていくのです。

　番組視聴後、子供たちを活動へと強く誘う番組の場合は、番組自体が「空発問」を発していると考えるとよいでしょう。つまり、番組が「さあ、やってごらん」「さあ、ためしてごらん」と言っているのです。かといって、すぐ番組と同じようにできるわけではありません。そこが積み重ねの大切なところです。時間も45分の1単位すべて使わなくても十分な活動が行えます。

　また、「考えてみよう」という「空発問」を投げかける番組もあります。つまり、視聴後にとくに学習活動を行わずに、見るだけの視聴体験の積み重ねが経験になっていくというものです。今の自分に足りないものやできていないものに気づき、少しずつにでも自ら改善していこうという意思と実行力を身に付けていくのです。これは決して「見せっぱなし」ではありません。10分程度の時間、クラスのみんなと一緒に番組と対話し、「やればできるよ」「きみならできるよ」と励まされているのです。そして、教師からも「何も言わないけど同じ気持ちだよ」というコトバを受け取っているのです。

　以上のように、放送学習の時間が短くても済む場合は、「モジュール」という考え方をとるとよいでしょう。教師が、一時、番組に指導を委ねるという姿勢をとったとき、時間を生み出すことはさほど大変ではありません。なぜなら、与えられる教育課程から脱して、自分の受け持つ子供たちのための大きな目的を持った独自の教育課程を創りだすことは、教師としての大いなる喜びの一つだからです。

　番組の特質によって番組視聴後の学習活動の仕方は変わっても、番組によって形成された「意味場」を生かしていくということに変わりはありません。それは、「意味場」の形成過程が自己の生き方と直結していくということです。教師が、指導の一部を他に委ねるという勇気を持った瞬間、指導の可能性は大きく広がります。その一歩が「空発問」です。「空発問」には、何も言わないところに教師の願いがいっぱい詰まっているのです。

# 終章
# 「却来」して、放送教育の未来を拓く

　終章では、さらなる「放送教育」の可能性を模索します。それは、「教えるための ICT 活用」の手法を「学びを委ねる ICT 活用」に転換しようとするいくつかの試みです。今まで「放送教育」においてはタブー視されてきた「分断」や「一部利用」なども「放送教育」の範疇に入れ込むのです。でもそれは、「放送教育」の範疇であるかぎり、映像を使っての教える授業ではありません。番組の「分断」や「一部利用」、そしてクリップ映像などを活用して「番組視聴」と同じ効果を生み出そうというのです。「番組視聴」という概念をちょっと変えることで「放送教育」の新しい姿を見いだそうというのです。

　まず一つの試みは、短い映像をいくつかつなぎ合わせ、「番組といえる番組」につくり替えるのです。「番組」を教師が制作して、それに学びを委ねるのです。

　次に、ふだんの授業における問題提示や場の設定の部分（始めの 10 分間程度）を番組視聴と同じような効果をもつ授業展開にするのです。教師が芸術性のある映像を使ってストーリー性を生み出し、それを子供たちが「視聴」するのです。その後は「空発問」による授業展開になります。

　さらには、YouTube の活用です。その活用には二つの方向性があります。一つは YouTube 動画をつないで「番組」にするものと、教師が作成した動画を YouTube にアップ活用するというものです。まだ試みの段階で、実践研究が追いついてはいませんが、「放送教育の理論」を明日に生かす教育の可能性を追究していきます。

**「放送教育の理論」を極めていくと
番組の「分断」「一部」利用も「学びを委ねる ICT 活用」にすることができる！**

## ▌世阿弥の「九位」

| | | |
|---|---|---|
| 上三花 | 妙花風<br>（めうくわふう） | 超越しきった<br>「無心の感」「面白い」 |
| | 寵深花風<br>（ちょうしんくわふう） | 美しい姿<br>「高くて深い」 |
| | 閑花風<br>（かんくわふう） | 奥深い<br>「柔和に見える」 |
| 中三位 | 正花風<br>（しょうくわふう） | 花を獲得する境地<br>「いよいよ上にいける」 |
| | 広精風<br>（くわうしょうふう） | 広く精しく極める<br>**「上か下に行くかの境」** |
| | 浅文風<br>（せんもんふう） | 初歩の段階の美<br>**「入門の最初の段階」** |
| 下三位 | 強細風<br>（がうさいふう） | 冷え冷えとしてすさまじい<br>「却来しての風趣」 |
| | 強麁風<br>（がうそふう） | あらく粗雑<br>「強くて荒い」 |
| | 麁鉛風<br>（そえんふう） | 粗雑で格を外れる<br>「一つも優れたものがない」 |

**却来**（きゃくらい）

超越しきったあとに、入門時に入ってはいけないとされた領域に入れば、荒さも和らげられ、さらなる高みへゆける

― 強く激しい芸が三つに分かれただけ

## ▌「放送教育の九位」

却来

**「学びを委ねる ICT 活用」**

**「教えるための ICT 活用」**

「番組利用」
● 見せっぱなし
● 授業途中視聴
● 分断・部分視聴

**「学ぶ雰囲気づくり」**
● クラスの「雰囲気」を操る —→ 教師タクトの発動
● クラスの「雰囲気」を表す —→ 教師タクトの覚醒
● クラスの「雰囲気」を知る —→ 番組タクトの力

**「協働的学び集団づくり」**
● 子供の「意味場」を操る —→ 放送教育の本質
● 子供の「意味場」を表す —→ 放送教育の魅力
● 子供の「意味場」を知る —→ 放送教育のスタート

教師のタクト
＋
番組のタクト

● 「放送教育」の基本「意味場」「空発問」から始めて、クラスの「学びの雰囲気」によって存在する「タクト」を操れるようになれば、別の世界にある「教えるための ICT 活用」の手法を使って「放送教育」を実践することができます。

世阿弥は、能の位を上・中・下の三つに分けて考えました。さらに、それぞれをまた三つに分けて九つの位（レベル）にしました。そして、習道の始まりは四のレベルから、つまり中の下からとしました。これは能の基礎基本は中の位にあって、そこから始めなさいということです。つまり、基礎基本の下には学んではならない領域があるということです。思いつくまま好き勝手にやってはならないことがあって、それを知らずそこから学んでしまえば下の三つの位から上に上がることは無いというのです。また、基礎基本から入っても、その上の「広精風」で基礎基本の大切さをおろそかにしていけば、結局、下に下がってしまうと言います。上に行くか下に行くかの境目があるというのです。そこを超えれば「花」を得ることになっていくのです。そうして何をも超越した境地に達した者は「却来」して、初心者がやってはならないとした領域へも入っていって「冷え」を表現できるというのです。この習業は繰り返され、生涯続いていくのです。

　このことは、ある面で「放送教育」の世界にも通用する考え方です。「放送教育」にも、はじめに入ってはいけない、全く違う世界（教えるためのICT活用）があるからです。学校放送番組は、視聴した子供たちの頭の中に学びの世界、すなわち「意味場」を形成します。その世界を教師が知ることから始まるのが「放送教育」です。各教科等の具体的な目標達成のための手段として、教えるために番組を利用することは「放送教育」にはあってはならないことです。何度も指摘していますように、教えるために学校放送番組を利用するためにはそのままでは利用できないのです。余計な無駄な部分を削ぎ取る必要があるのです。

　「放送教育」は番組の始めから最後までを視聴することによってこそ成せる教育です。「放送教育」入門は、まず番組によって子供たちがどんな見方や考え方、扱い方をするのかを教師が感得することからスタートします。そして次に、その「意味場」の表現方法を会得することによって、その魅力を知ります。そうすれば、「放送教育」の素晴らしさや奥深さ、つまり本質をつかみ、さらなる実践意欲がわいてきます。実践の積み重ねは、ほかの学習指導や学級経営に生きてきます。授業が変わり、クラスが変わって、番組に「タクト」の働きがあることを感じ始めます。教室に学びの「雰囲気」が生まれます。そして、子供たちの「学び」と教師の「思い」の間にコトバを超えたコミュニケーションのようなもの、つまり「教育的タクト」の存在を見いだす（覚醒）ようになります。すると、教師にもう一つ違った「指導技術」が付いたような感じになります。その技術（「教育的タクト」）を駆使する（発動）ことによって、指導にメリハリが出てきて、子供たちの自力解決の量に反比例するかのように教師の手だてや関わりが減ってきます。

　そうなると、余裕を持った教師は「番組視聴」のメカニズムを「放送教育」以外にも転用できるようになります。「教えるためのICT活用」の世界にも入っていけるようになるのです。つまり、「見せっぱなし」の番組視聴や部分視聴等さえも「放送教育」にすることができると考えます。

　例えば、芸術性を持ったいくつかの映像を見つけて、それをつなげてストーリー性のある番組に仕立てるのです。それに学びを委ねれば「放送教育」になります。また、「番組」にしなくても、映像と映像のつなぎ目を教師が番組的な手法を使って授業を「番組」に見立ててしまうのです。そして、「空発問」を使えば、それがまた「放送教育」になります。さらに映像活用の選択肢を増やして、YouTube画像の活用も考えられます。「放送教育」としての「ICT活用」の幅を広げたジャンルも開発可能です。

# 映像資料をつないでストーリー性をもたせることによって授業を番組にする！

## ■映像をつないでストーリーを持たせる

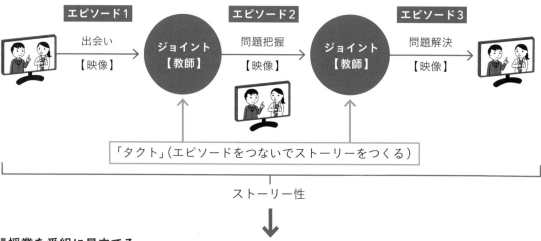

## ■授業を番組に見立てる

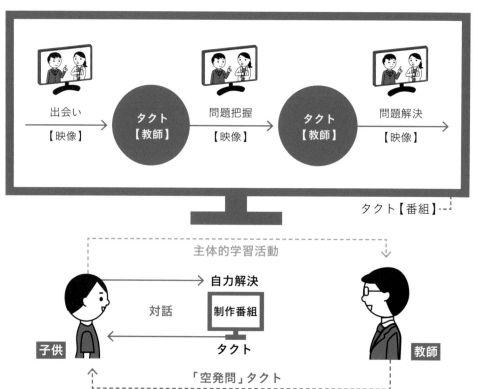

●クリップ映像や自作画像などをストーリー性があるように並べ、そのつなぎ目で教師がタクトとなることによって番組視聴と同じ効果を生み出します。そして、「空発問」という次なるタクトによって、子供たちを主体的活動に導きます。

「NHK for School」には、「クリップ」と呼ばれる学習に利用可能な映像がたくさんあります。また、撮った映像を簡単に加工することができるソフトを使えば、自作の映像教材もつくれます。それらを使って授業を行うことができます。ただし、「百聞は一見に如（し）かず」的な使い方はしません。「映像を見てわからせる」というやり方での場合、映像から余分な部分を剥ぎ取って一律にわからせようとするからです。ここでは、映像の多様なわからせ方をするという特性を生かします。

　まず、さまざまな事象との出会いの映像を視聴します。子供たちは驚きや気づきによって、「やってみたい」「調べてみたい」という活動への欲求を持ちます。教師はそれらの思いを取り上げて、一つのエピソードとしてまとめます。そして、次の問題把握というエピソードへ誘うのです。ここでは、問題を教師が与えるのではなく、子供たちの活動欲求から問題を発生させるのです。

　問題把握の映像は、既知のことや経験などと関係づけられるものにします。そうすることによって、学習の見通しを持つこともできます。ここでも、教師は多くを語りません。子供たちが発する言葉を取り上げてまとめていきます。「放送教育」でなければ、ここで実際にやってみる活動になります。しかし、ここでは「問題解決」も映像を視聴します。

　問題解決の映像は、いくつかの事象がつながっているものにします。関係づけとともに、意味づけができるようにするためです。もちろん、さまざまな見方や考え方や扱い方が出てきます。それを教師も一緒になって意味を紡いでいくのです。子供たちの言葉を使って収斂していくのです。

　この流れは、映像を使って教えているのではありません。学んでいくのです。ですから、映像の情報量も減らしていくのではなく、増やしていくようになります。多くの情報の中から必要なものを取り出し、関係づけたり意味づけしたりしながら認識を深めていく授業です。つまり、「放送教育」そのものです。授業が番組視聴になっているのです。子供たちも教師も番組出演者であって、同時に学習者でもあるのです。

　ここで、教師の働きについて考えます。子供たちは、教師が教えようとしているのか、学ばせようとしているのかを敏感に察知します。なぜでしょう。それは、自分たちの自力解決力を信じてくれているかいないかが教師の態度に表れているからです。ふだんの授業から子供の自力解決できる問題（学習意欲も含め）に対しては、教師の働きかけは少なくなっています。時には、「沈黙」さえも有効な手立てとなってきています。そんな経験の積み重ねの中から、子供たちは教師の姿勢を見るだけで学習に向かうことができるのです。

　その際、大切なことは、「子供たちが教師の受容的な姿勢を感知している」ということを教師もまた感知しているかということです。子供たちと教師の間にある信頼関係のようなもの、教師が学びを子供たちに委ねられ、そして子供たちもそれに応えるのです。それは、子供たちと教師の間に「教育的タクト」が存在していると換言してもよいと思います。

　短い映像と映像との間には「タクト」があって、それゆえ、そこに「対話」が生まれます、その一つの塊は「番組」になります。番組との対話は、子供たちを自力解決へと誘います。その誘う力が「空発問」であって、「タクト」だと考えます。

　映像に学びを委ねている教師の姿勢を、子供たちは敏感に感じ取ります。そして、教師の思いに応えようと、映像から思い思いに学び取ります（形象との対話）。教師は、子供たちが学び取ったものを「空発問」（タクト）によって関係づけや意味づけを図り、学習を成立させていくのです。

# セグメント型番組をバラバラにして「番組といえる番組」につくり替える！

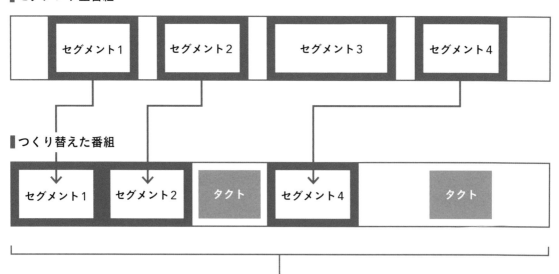

**セグメント型番組**

| | セグメント1 | セグメント2 | セグメント3 | セグメント4 | |

**つくり替えた番組**

| | セグメント1 | セグメント2 | タクト | セグメント4 | タクト |

ストーリー性＋芸術性【学校放送番組】

| 出会い | → | 不思議発見 | → | 問題把握 | → | 見通し | → | 調べる |
|---|---|---|---|---|---|---|---|---|
| 「いつもの」<br>「あたり前」 | | 「すごい」<br>「面白い」 | | 「なんだろう」<br>「なぜだろう」 | | 「きっと〜」<br>「それは〜」 | | 「なるほど」<br>「そうか」 |

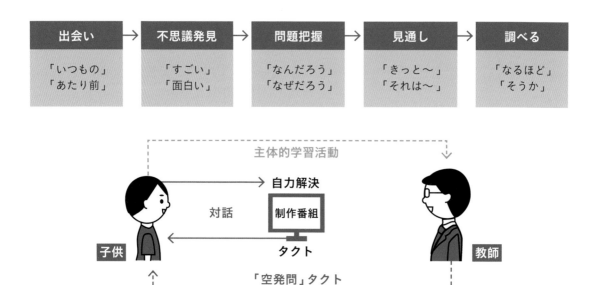

主体的学習活動

自力解決

制作番組

対話

子供　　タクト　　教師

「空発問」タクト

●セグメント型の番組をバラバラにします。それを、ストーリー性があるように並べ、その つなぎ目で教師がタクトとなることによって学校放送番組視聴と同じ効果を生み出します。そ して、「空発問」による次なるタクトによって、子供たちを主体的活動に導きます。

「セグメント型」番組の登場によって、番組を始めから最後まで通して視聴しなくてもよい番組が生まれました。通して視聴しなくてもよいということは、番組としての役割を放棄してしまったわけで、どこから見ても、どこまで見てもよいということになります。そのような番組でも、通して視聴させて「空発問」による学習を展開させることはできます。しかし、子供たちの反応は「ストーリー型」のそれとは明らかに違いが出ます。切り取られた知識への反応が多いのです。

例えば、6年生のセグメント型理科番組の「燃える」とストーリー型理科番組「燃える」を比較すると、前者はいきなり「空気の成分は、ちっ素78％、酸素21％、二酸化炭素0.04％」という反応が出てきます。一方、後者は「物が燃えると酸素が使われること」や「二酸化炭素が出る」といった事象に反応するのです。前者の授業は、知識の裏づけや知識の先にある新たな知識の獲得に向かいます。後者の授業は、物が燃えるという事象をさまざまな角度から見てわかったことや考えたこと、扱い方などを出し合っていきます。それぞれのよさはあります。前者は、学力を重視する今の教育現場の風潮に合った番組になっていると言えなくもありません。

その反応については、もう一つ違いがあります。どんな子供たちが発言するのかです。前者は、理科を得意にしている子供の何人かが、何度も発言を繰り返していくのです。はたから見ていると、数人の子供たちと教師のやり取りで学習が進んでいるかのようです。後者は、たくさんの子供たちの発言があって、2回目3回目の発言を取り上げるまでに時間がかかります。

板書も異なります。前者は、知識がどうしても黒板の大部分を占めていくため、矢印などで表されるつながりが見えてこないのです。後者は、さまざまな事象同士のつながりが出てくるので、矢印なども増えてきます。前者は、番組の一部しか活用していないのです。子供が取捨選択して知識を取り込んでいるのです。そこには自ずと能力差が出てきます。後者は、ストーリーにそって自分らしい見方や考え方や扱い方をしていきます。一人ひとりの発達の最近接領域に応じで学べているのです。ですから、能力差は見えてきません。

やはり、番組は「タクト」なのです。だとしたら、セグメントとセグメントの間に「タクト」がなければなりません。そこで、番組をつくり替えます。まず、ストーリー性を持たせるために、セグメント間にあった不要と思われる部分はカットしてしまいます。映像同士をつないでストーリー性を持たせる場合と、間に教師のタクトを入れる場合があります。教師のタクトを映像にする場合と、分断して入れ込むことが考えられます。いずれにしても、ストーリーが途切れることがないように配慮します。さらには、映像の芸術性です。一つのセグメントの芸術性はさほど高くはなっていないので、複数のセグメントを合わせて芸術性を高めます。

こうした放送教育の方法ですが、今のところ「このようにして番組を制作することもできる」といった程度で、「セグメント型の番組を視聴するよりは多少よいかな」といった段階です。ストーリー型の番組がもっと復活していけば、このような労力は不要なのかもしれません。ただし、教師の手が入った番組を「放送教育」として視聴する意義は今後さらに増していくのかもしれません。「タクト」の姿や効果を目に見える形で捉えられるかもしれないからです。

「放送教育」において、「空発問」が有効な手だての一つであることを実証するためには、「タクト」の存在とその効果を明らかにする必要があります。これからの埼玉県放送教育研究会における「放送教育研究」の柱の一つになると考えます。

## 学習内容にあった映像を作成して YouTube にアップし、学校と家庭での活用について模索する！

● 学校放送番組は、もはや学校だけで視聴するものではなくなってきています。そこで、学校での視聴が家庭での視聴に与える影響も見逃せません。「空発問」によって認識を深めていく経験は、家庭での学校放送番組の見方を変えるのです。また、子供たちにとって YouTube はとても身近な存在になっています。学校でも YouTube 画像を「放送教育」として活用できれば家庭での YouTube の見方も変わってくると考えます。「放送教育」の幅を広げたいと考えます。

最後に、今後の「放送教育」の可能性について考えてみます。「NHK for School」のおかげで、リアルタイムに番組を視聴することができるようになりました。学校で番組を視聴したあと、家庭でもう一度番組を見る子供もいます。また、学校よりも先に番組を見てくる子供もいます。「放送教育」でも予習や復習が可能になったのです。ただし、一般的な予習復習（教科書・ノート・参考書等を使ったもの）とはちょっと違います。番組を視聴するということは、認識の過程がある「学びの体験」です。つまり、同じことを二度、違った学びをします。

　さらに、場所も時間も学校と異なるため、学びの質も異なり、違ったわかり方をするのです。加えて、「先に見ておこう」「もう一度見直そう」という、自らの意思で動いています。学びに対する構えがあるのです。それは、「専心」に通じます。学びの向うに、学校の授業と友だちや先生をも意識しているということです。当然、そこには「タクト」も存在するはずです。私たちも同じ番組や映画を繰り返し見ることがあります。ストーリーはわかっているのに見てしまい、さらなる感動も覚えます。自らの意思で学びを繰り返す「放送教育」の効果については、まだ検証が足りませんが、大いに研究してみる価値があると考えます。

　もう一つが、「YouTube」の活用です。いまや一日に数万本の動画がアップされています。もちろん「番組」ではありませんので、そのまま見ていても「放送教育」にはなりません。しかし、いくつかの動画をつなげたらどうでしょう。また、教師が意識的に動画を作成してアップしたとしたらどうでしょう。

　近年、夏休みの自由研究の課題をYouTubeから見つけて、研究作品としてまとめられたものを見かけます。YouTube動画が研究の動機づけになるのです。それは、動画に「面白い」「わかった」「やってみよう」「つくってみよう」などと思わせる働きがあるからでしょう。

　さらに、「YouTubeにハマる子供たち」を見ていると、「面白さ」を自ら見つけているように見えます。残念ながら、その「面白さ」は勉強とは違うところにあることが多いようです。しかし、自由課題のテーマを見つける子供がいることも事実です。画像の「面白さ」が学習に結び付く可能性はあります。とりあえずは、「NHK for School」のクリップ画像が増えたと考えて使ってみるということが考えられます。子供たちにとって、「NHK for School」のクリップ画像視聴は、「教わることへの意思」を受けます。

　YouTube動画のほうは、自身のための「楽しみ」「遊び」「ひまつぶし」のためのsite seeingです。また、シークバーで画像の長さや速さを調整して、無意識に画像編集（？）もしています。しかし、動画をアップした人が「見つけたこと」「やってみたこと」「わかったこと」などの過程（ストーリー）を視聴していくうちに、同じように、あるいは視点を変えて「見つけたい」「やってみたい」「わかりたい」という探究意欲が湧くはずです。教師がそれをタクトによって学習へと誘うことは可能だと考えます。

　さらに、教師がYouTube動画をアップすることも考えられます。例えば、理科の実験です。理科室で行った「振り子の実験」（振り子が一往復する時間）と同じ実験を再現し、加工した動画を配信します。子供たちは、家で実験の様子をもう一度見ます。学校での実験を振り返りながら、シークバーで画像を操作しながら（気ままに）見ます。それは、見せられているのでもなく、教えられているのでもありません。これは、教えるためのICT活用でなく、学びを委ねるICT活用の範疇に入ると思います。「放送教育」が学びを委ねるICT活用の最たるものだとしたら、YouTube動画を活用した「放送教育」の可能性も「あり」だと思います。

# 《事例》「空発問」によって授業はどのように展開されるか

「電気はどこから」における発言分析

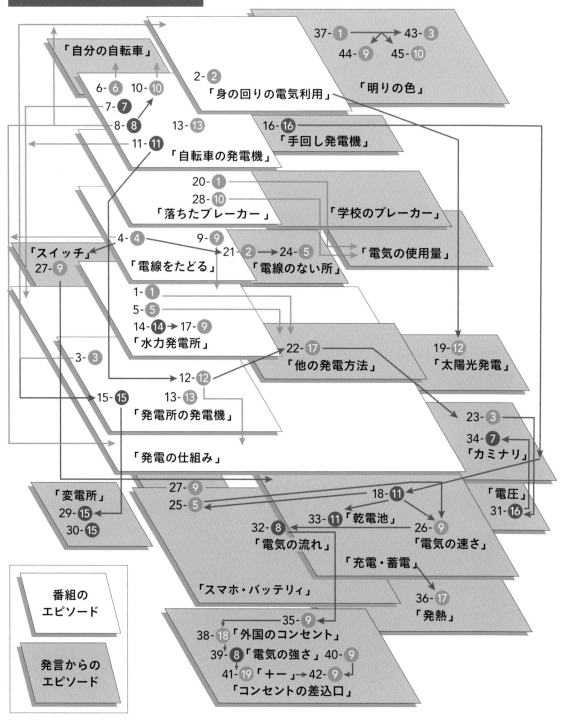

数字は発言番号
発言児童（●囲み数字＝男児　●囲み数字＝女児）

→ 番組のエピソードからの関係付け・意味付け
→ 発言等による関係付け・意味付け

最後に6年生の理科番組による放送学習の事例を紹介します。

　授業中の子供と教師の発言をなるべく正確に起こしました。そして、発言を分析してエピソードごとにまとめました。以下、見えてくることをまとめます。


**1** 番組視聴という共通体験によって「わかったこと」を前提とした前置きの発言が多くなる

　子供たちは、番組内のエピソードをまず言ってから、その後に自分の思いや考えを言っています。前置きにエピソードを言うことによって、「そこまでは、みんなも、先生もわかっているよね」ということを確認しているのです。それはまさに「同じ土俵に上がっている」ことを意味しています。その前置きによって、子供たちも教師もそのエピソードの映像を思い浮かべます。映像が記号として伝達されているのです。ですから、少ない言葉でも、また、曖昧な言葉でもエピソードは伝わるのです。エピソードが伝わるということは、多くの確かな情報が伝わるということであり、当然その子なりのさまざまな発想が生まれます。だから、「空発問」でも次々と発言が連鎖していくのです。否、「空発問」だから発言が連鎖するのです。（「前置きをしてから発言しなさい」などといった指導は一切していません）

**2** 授業の途中から前置きは「友だちの発言」に変わってくる

　番組のエピソードを前置きにした発言は、番組のエピソードの範囲を越えていきます。すると、番組にはなかったエピソードを生み出します。前置きも「～さんの発言に……」といったものに変わっていきます。「～さんの発言」は番組のエピソードから出たものなので、その前置きも番組視聴という共通体験が根底にあります。ですから、一見、学習内容と無関係に思えるものもちゃんとエピソードとつながっています。しかも、個々の生活体験と関係づけや意味づけが図られるため、深い思考を促します。

**3** 前置きの発言は、教室内に「教育的タクト」を形成する

　前述しましたように、この前置きは「みんなも、先生もわかっているよね」という思いを確認しています。子供たちの発言は、「わかり合えている」ことを前提にしているのです。だから、「何を言っても大丈夫」「誰も、ばかにしない」という雰囲気が醸し出されるのです。さらに、「私はこんなことを考えた」「私だから、思い浮かんだ」といったように、ほかとは違った発想をすることを良しとする雰囲気も生み出します。「私らしい考え」「～さんらしい発言」が大いに許容されるのです。このことは、教師も望んでいることです。子供たちは、「先生が私の発言を待っている」「みんなも、待っている」という思いを持ちます。もちろん、教師は子供たちのそんな思いを受け止めています。それを、「空発問」という姿勢で示しています。子供たちの「言いたい・話したい」という思いの先をちょっと刺激しているのです。「啐啄同時（機）」と言っても過言ではないと思います。そして、それこそが「教育的タクト」が形成された証左と言えるでしょう。「学びをゆだねるICT活用」にとっても「教えるためのICT活用」にとっても、「教育的タクト」という教授技術は不可欠なものです。何度も言いますが、「空発問」は高等な教授技術の一つなのです。


注・「啐啄同時」（そったくどうじ）とは禅語で悟りを開こうとしている弟子に師匠がうまく教示を与えて悟りの境地に導くことをいう。鶏の雛が卵から産まれ出ようとするとき、殻の中から卵の殻をつついて音をたてる、これを「啐」という。そのときすかさず親鳥が外から殻をついばんで破る、これを「啄」という。この「啐」と「啄」が同時であって初めて殻が破れて雛が産まれる。これを「啐啄同時」という。つまり何かをするのに絶妙なタイミングを指す。これは師匠と弟子、親と子の関係においても通じる。

# あとがき

　本書には、二つの源流が存在します。

　一つは、故・多田俊文東京学芸大学名誉教授が主催する「教授科学研究会」です。40余年前、埼玉県の放送教育において、当時、中心的な役割を果たしておられた秋山亜輝男氏（元埼玉県蕨市教育長）に誘われ、研究会の門をたたきました。「教授科学」という言葉を聞いたとき、多少の違和感を覚えました。「教え方をどう科学するのかな？」と思ったからです。

　研究会は日曜日の午後に始まり、帰りは翌日になることが間々あるという、議論沸騰する会でした。ただし、多田先生は議論を聞いておられるだけで、発言は極めてわずかでした。参加者は、その少ない言葉に含まれる肝心な内容を聴きもらすまいとしながらも、好き勝手に（？）意見を戦わせていました。そんななか、多田先生がボソッと「私は、子どものわかり方というものをずっと追い求めているのです」とおっしゃったのです。この言葉によって「教授科学」という言葉に対する違和感は消えました。教授を科学するということは、子供たちの認知メカニズムを明らかにすることによって、はじめて教授システムを追及できるということだったのです。教師の教え方よりも、学習者のわかり方を優先するという私の研究姿勢はこの時から始まりました。

　もう一つの源流は、故・安部崇慶兵庫教育大学教授の大学院ゼミです。昭和63年から平成元年まで、大学院大学生として参加しました。当時、安部先生は助教授で、菊池英一氏という北海道の教師と私が最初のゼミ生でした。初日はもうひとり加古川の方もいらしたのですが、安部研究室の書庫に収まっている書籍を見て、ほかのゼミに移られました。というのも、そこには「仏教」「芸道」「日本教育思想史」関係の書籍が多く、「空海」「世阿弥」「芭蕉」「利休」などの名前が並んでいたのです。心理学専攻の彼女にとっては"場違い"の部屋に来てしまったのでしょう。菊池氏と私は、教育の基礎を学ぶためにここにいたために、この運命の出会いを受け入れました。

　まさに「運命」としか言えないような出会いでした。それは、伝えること、教えることの限界を知りつつ、さらに伝えよう教えようとしてきた先人との出会いでした。菊池氏の修論テーマは「教授活動における『機』の研究」、私のテーマは「世阿弥における伝承と創造の教育」です。このテーマからもわかりますように、「教授」あるいは「伝承」というものを教育を受ける側の子供の立場から捉えようとするものでした。

　ゼミにおいて安部先生は、二人のレポートに対し、だいたいが「あきまへんな」の一言。それ以上の教えはありませんでした。100行以上も書いた原稿に多数の×が入り、残ったたった数行を手がかりに次のレポートを出し続けるという日々が続きました。教わるよりも、自ら学ぶ姿勢を叩き込まれました。こうして、教授科学研究会と安部ゼミでの「教え方よりも学び方」「教わるよりも学べ」という二つの教育の源流が「放送教育」という大河になっていったのです。

　さて、放送教育との出会いも語らなければなりません。昭和48年に教師になり、指導力不足を補うために視聴覚教育に興味を持ちました。当時は、スライド、OHP、16ミリ映写機に8ミリ映写機、そしてテレビ放送でした。指導力不足を補うという目的でしたので、当然のことながら「どう、利用するか？ いかに使うか？」ということに力点が置かれました。そのうちに白黒のVTRも普及し始めて、カメラ撮影したものやテレビ番組を録画した映像を利用することができるようになりました。教室にはスクリーンを常設し、テレビ受像機は2台配置して、あらゆる機器の活用に努めました。

しかし、やっていくうちに「労多くして、益少なし」と感じるようになってきたのです。また、「教師の自己満足ではないか」とも思うようになりました。とくに、テレビ番組は使えませんでした。なぜなら、教師の指導過程にほとんど取り込めないのです。ついに、「視聴覚教育は趣味でやろう！」という結論に達してしまったのです。

　そんなとき出会った言葉が、「テレビを丸ごと見せるという考え方がある」でした。「あっ！」という閃きは今も忘れません。「番組に学習を委ねる」という発想はそこから始まったと言っても過言ではありません。

　以後、「放送教育」というものに出会い、テレビ番組を丸ごと子供たちに見せることが始まりました。それは、教えるということから学ぶことへの教授意識の転換でした。「いかに番組を視聴させるか？」ではなく、「いかに子供たちは番組から学ぶのか？」を追及するという意識改革が起こったのです。それが、二つの源流に行きつく「時機（モーメント）」になったのです。

　そして、昭和57年の第33回放送教育全国大会（埼玉大会）を迎えるのです。2日間の大会で、その参加者が21,948人という、大規模な大会になりました。大会テーマ「生涯にわたって豊かに生きる人間の形成をめざし、学ぶ喜びのもてる放送教育をすすめよう」のもと、「意味場」「空発問」が提唱されたのも、この大会からです。その成果は、多田俊文監修・埼玉県放送教育研究会編『学ぶ喜びのもてる放送教育－意味場・空発問の追及』（日本放送教育協会、平成2年）としてまとめられました。

　大会後は、当時のNHK浦和放送局事業部の星孝一氏の御助力もあり、「埼玉県放送教育研究開発委員会」を発足させ、研究を深化させてきました（星孝一氏は2020年7月13日、ガンを患われご逝去されました。心よりご冥福をお祈りいたします）。そして、平成27年に冊子『なぜ教室にはテレビがあるのか!?』を発行させ、開発委員会の活動は埼玉県放送教育研究会に引き継がれ、平成30年度をもって28年間に及ぶ研究活動に幕をおろしたのです。

　しかし、研究は続いています。毎月1回の定例会に夏合宿、年3回の研究授業は、放送教育の精鋭が集まって行われています。さらに、「放送と教育の会」という放送教育に携わってきたOBの方々の会も発足させました。埼玉県放送教育研究会にも積極的に参加していただき、若手実践者の育成に努めていただいています。

　本書は、冊子『なぜ教室にはテレビがあるのか!?』の発行直後、まだ言い足りなかった部分を補うために、リメイク版として執筆を開始されました。ところが、先の源流が示すように、本書は埼玉県放送教育研究会の書であるとともに、筆者の個人的な見解も多々含まれるところとなりました。そのような次第で個人名による出版となりました。

　なお、出版に際しましては、「人間と歴史社」の佐々木久夫氏、編集の労を執っていただいた鯨井教子氏、井口明子氏、本文のデザインから装丁までを担当してくださった「イノセンス」の木戸恭子氏と浅田優花氏、浅田実春氏に感謝いたします。

　2020年6月

大室健司

参考文献

［書籍］

1. 波多野完治『映画の心理学』新潮社　1957年

2. 日本放送協会編『学校放送25年の歩み』日本放送教育協会　1960年

3. 坂元彦太郎『視聴覚材の教育構造』日本放送教育協会　1961年

4. 波多野完治『テレビ教育の心理学』日本放送教育協会　1963年

5. 唐木順三『千利休』　筑摩書房　1958年

6. 鈴木祥蔵・佐藤三郎訳、J.S.ブルーナー著『教育の過程』岩波書店　1963年

7. 西本三十二編『視聴覚教育50講』日本放送教育協会　1965年

8. 日本放送協会総合放送文化研究所編『放送教育の研究と理論』日本放送出版協会　1966年

9. 文部省編『学校放送の利用』光風出版　1966年

10. 文部省編『教育と放送』日本放送教育協会　1968年

11. 蛯谷米司・主原正夫・伊達兼三郎・浜田陽太郎編『講座放送教育2巻「教師と教室」』
　　明治図書出版　1968年

12. 表章・加藤周一校注『日本思想大系24「世阿弥　禅竹」』岩波書店　1974年

13. 西本三十二『放送50年外史』上巻　日本放送教育協会　1976年

14. 西本三十二『放送50年外史』下巻　日本放送教育協会　1976年

15. 教育と放送を考える会編『放送教育の新展開−学校教育における放送利用の総合的研究−』
　　日本放送教育協会　1978年

16. 岸本唯博監修　松下視聴覚教育研究財団編『視聴覚選書1 OHP/教育』ラジオ技術社　1978年

17. 岸本唯博監修　松下視聴覚教育研究財団編『視聴覚選書2 VTR/教育』ラジオ技術社　1978年

18. 井口尚之編『実践放送教育への道』広島大学出版研究会　1979年

19. 大内茂男・高桑康雄・中野照海編『視聴覚教育の理論と研究』日本放送教育協会　1981年

20. 高久清吉『「教育の英知」ヘルバルトと現代の教育』協同出版　1975年

21. 三枝孝弘訳　ヘルバルト著『世界教育学選集「一般教育学」』明治図書出版　1960年

22. 富山奏校注『新潮日本古典集成「芭蕉文集」』新潮社　1978年

23. 大田堯『岩波講座「子どもの発達と教育4」幼年期 発達段階と教育1』岩波書店　1979年

24. 大田堯『岩波講座「子どもの発達と教育5」少年期 発達段階と教育2』岩波書店　1979年

25. 放送文化基金編『幼少年期とテレビ』日本放送教育協会　1980年

26. 「映像と教育」研究集団編『映像と教育−映像の教育的効果とその利用−』日本放送教育協会
　　1982年

27. 清中喜平『視聴指導24章−放送学習の進め方−』日本放送教育協会　1981年

28. 中国地区大学放送教育研究協議会編
　　『「形象との対話への提言」−今、改めて放送教育の原点さぐる』広島大学出版研究会　1981年

29. 三枝孝弘『教育学古典解説叢書4ヘルバルト「一般教育学」入門』明治図書出版　1982年

30. 多田俊文編著『放送と授業研究』日本放送教育協会　1986年

31. 清中喜平『続・視聴指導24章−子どもが自力で進める放送学習−』日本放送教育協会　1984年

32. 杉浦美朗『デューイにおける探究としての学習』風間書房　1984年

33. 杉浦美朗『デューイにおける総合学習の研究』風間書房　1985年

34. 多田俊文『授業におけるイメージと言語』明治図書　1986年

35. 多田俊文『放送教育の理論と実践』日本放送教育協会　1986年

36. 多田俊文監修　埼玉県放送教育研究会編
　　『「学ぶ喜びのもてる放送教育」−意味場・空発問の追求−』日本放送教育協会　1990年
37. 波多野完治『波多野完治全集8巻「映像と教育」』小学館　1991年
38. 多田俊文編『教育の方法と技術』学芸図書　1991年
39. 放送文化基金編『放送史への証言（Ⅰ）放送関係者の聞き取り調査から』日本放送教育協会
　　1993年
40. 放送文化基金編『放送史への証言（Ⅱ）放送関係者の聞き取り調査から』日本放送教育協会
　　1995年
41. 多田俊文編著『教職課程シリーズ4「教育方法・技術の伝統と革新」』八千代出版　1996年
42. 東京学芸大学教授科学研究会
　　『総合学習「にんげん科」のカリキュラム開発〜食で学ぶ命・環境・異文化・生き方』
　　明治図書出版　2000年
43. 土井捷三・神谷栄司訳　ヴィゴツキー著
　　『「発達の最近接領域」の理論−教授・学習過程における子どもの発達』三学出版　2003年
44. 徳永正直『教育的タクト論』ナカニシヤ出版　2004年
45. 多田俊文・東京学芸大学教授科学研究会編著
　　『総合学習「にんげん科」のカリキュラム開発・実践編』明治図書出版　2006年


［論文・その他］
1. 多田俊文「学校放送番組の特性を生かす」『埼玉教育12』埼玉県立教育センター　1981年
2. 大室健司「子ども一人ひとりがもつ可能性や能力を最大限に引き出す放送教育」
　　『放送教育の探究第19集』日本放送教育協会　昭和57年
3. 大室健司「見方・考え方・扱い方を高める放送学習」『放送教育5』日本放送教育協会　1982年
4. 大室健司「放送学習による情報処理能力の育成」『埼玉教育3』埼玉県立教育センター　1985年
5. 大室健司「10年間で放送教育への取り組みがどのように変わってきたか」『放送教育11』
　　日本放送教育協会　1985年
6. 大室健司「自然の事物・現象に、人の心を入れこむ放送理科学習」『放送教育2』
　　日本放送教育協会　1986年
7. 大室健司「世阿弥における伝承と創造の教育論」兵庫教育大学大学院修士課程
　　昭和63年度学位論文
8. 菊池英一「教授活動における『機』の研究」兵庫教育大学大学院修士課程
　　昭和63年度学位論文
9. 石川秀治「小林一茶の生命観に関する研究」兵庫教育大学大学院修士課程　2003年度学位論文
10. 大室健司「教えるためのメディア教育と学びを委ねるメディア教育」
　　『第7回松下視聴覚教育研究賞入選論文集』平成8年
11. 埼玉県放送教育研究開発委員会「なぜ教室にはテレビがあるのか!?」
　　埼玉県放送教育研究開発委員会　2015年
12. 宇治橋祐之「教育テレビ60年　学校放送番組の変遷」NHK放送文化研究所　年報2019
　　第63集　2019年

埼玉県放送教育研究会　会員名簿
放送と教育の会　会員名簿

多田　俊文
秋山　亜輝男
稗場　豊
松本　邦文
溝口　正巳
菅谷　愛子
丸山　聡
鎌田　忍
福田　由美子
山田　茂
清水　肇
守屋　貞紀
佐藤　寿郎
舘野　良夫
石川　秀治
駒林　哲也
四方　孝明
寺村　勉
鶴田　裕子
塚﨑　典子
島田　邦子
大前　正江
鈴木　俊広
関口　麻理子
武井　佑樹
内山　真実
三船　優人
渡辺　誓司
柳　憲一郎
宇治橋　祐之
大室　健司

**著者略歴**

**大室 健司**（おおむろ けんじ）

1950年生まれ。1973年旧大宮市内の小学校教員として採用。1982年第33回放送教育研究会全国大会（埼玉大会）の事務局研究部員を務め本格的に放送教育実践研究に取り組む。1982年学校放送教育賞 日本放送教育協会理事長賞を受賞。1983年「埼玉県放送教育研究開発委員会」の研究部に所属、同時に東京学芸大学多田俊文教授の主催する「教授科学研究会」に参加し共同研究に取り組む。その成果は多田俊文編『放送と授業研究』（日本放送教育協会、昭和59年）としてまとめられた。1988年より2年間兵庫教育大学大学院において安部崇慶教授に師事し、放送教育を明治以前の日本の伝統的な教授活動の視点から捉えなおす。1990年「埼玉県放送教育研究開発委員会」が中心となって多田俊文監修のもと埼玉県放送教育研究会編『「学ぶ喜びのもてる放送教育」－意味場・空発問の追求－』（日本放送教育協会）を刊行。1996年第7回松下視聴覚教育研究賞 理事長賞を受賞。2015年「埼玉県放送教育研究開発委員会」の30余年にわたる研究実践の総括として『なぜ教室にはテレビがあるのか!?』を刊行。2020年現在「埼玉県放送教育研究会」に所属し、さいたま市内小学校の学級担任として放送教育の研究実践に取り組んでいる。

**「わかる」を科学する** ― なぜ教室にテレビがあるのか

初版第一刷　2020年9月30日

| | |
|---|---|
| 著者 | 大室健司 |
| 発行者 | 佐々木久夫 |
| 装丁・デザイン | 浅田優花・株式会社イノセンス |
| イラスト | 浅田実春 |
| 印刷 | 株式会社シナノ |
| 発行所 | 株式会社人間と歴史社 |

〒101-0052　東京都千代田区神田小川町2-6
電話　03-5282-7181（代）/ FAX　03-5282-7180
http://www.ningen-rekishi.co.jp

人間と歴史社【好評既刊】

# 音楽療法と精神医学

阪上正巳●著

人間と音楽の関係を深く掘り下げながら、現代社会における音楽の意味、そして
わが国における音楽療法の未来を指し示す。

A5判上製 528頁　定価：4,500円＋税

# 音楽の起源【上】

ニルス・L・ウォーリン／ビョルン・マーカーほか●編著　山本聡●訳

音楽学はもとより、動物行動学、言語学、言語心理学、発達心理学、脳神経学、人類学、
文化人類学、考古学、進化学など、世界の第一人者が精緻なデータに基づいて「音
楽の起源」と進化を論じた書。

A5判並製 453頁　定価4,200円＋税

# 音楽療法の現在

国立音楽大学音楽研究所　音楽療法研究部門●編著

音楽療法における臨床・教育・研究の先端を網羅！　音楽療法の本質に迫る新たな
視点。音楽療法のオリジナリティとアイデンティティを問う！

A4判上製 528頁　定価：4,500円＋税

# 音楽療法スーパービジョン【上】

ミシェル・フォーリナッシュ●編著　加藤美知子・門間陽子●訳

音楽療法の実践・教育への新たな視点である音楽療法スーパービジョン。音楽療法
の質を高め、「気づき」を探るために重要な音楽療法スーパービジョンについて体
系的に書かれた初めての書。音楽療法の核になる方向性を示す！

A4判変型 並製　定価：4,500円＋税

# 音楽で脳はここまで再生する——脳の可塑性と認知音楽療法

奥村歩●著　佐々木久夫●編

事故で植物状態に陥った脳が音楽刺激で蘇った！眠っている「脳内のネットワーク」
を活かす。最新の脳科学が解き明かす音楽の力！

四六判 上製 275頁　定価：2,200円＋税

# 音楽療法事典【新訂版】

ハンス＝ヘルムート・デッカー＝フォイクト●編著　阪上正巳・加藤美知子ほか●訳

１９９６年ドイツで出版された世界初の音楽療法事典の邦訳。音楽療法の世界的
な現況を展望する。さらに「芸術と心と身体」のかかわりに関する諸概念を列挙。

四六判 上製函入　443頁　定価：4,000円＋税

# 振動音響療法——音楽療法への医用工学的アプローチ

トニー・ウィグラム、チェリル・ディレオ●著　小松明●訳

音楽の心理的、行動科学的な面ばかりではなく、音楽や音を、振動の面からも捉
えることにより、音楽療法のブレークスルーを見いだす方法を示唆。

A5判 上製　353頁　定価：4,000円＋税

# 即興音楽療法の諸理論【上】

K・ブルーシア●著　林 庸二ほか●訳
音楽療法における〈即興〉の役割とは！　25種以上におよぶ「治療モデル」を綿密な調査に基づいて分析・比較・統合し、臨床における即興利用の実践的な原則を引き出す！

A5判　定価：4,200円＋税

# 即興音楽療法の諸理論【下】

K・ブルーシア●著　林 庸二ほか●訳
即興音楽療法の64の臨床的技法を提示！　なぜ、臨床において即興的に演奏するのか。その意味を理論的に解説！　各モデルの特色／臨床での使用／クライエントの必要条件／セラピストに求められる資質／治療の目標／アセスメントと評価他

A5判　定価：4,200円＋税

# 実践・発達障害児のための音楽療法

E・H・ボクシル●著　林 庸二・稲田雅美●訳
数多くの発達障害の人々と交流し、その芸術と科学の両側面にわたる、広範かつ密度の高い経験から引き出された実践書。理論的論証に裏打ちされたプロセス指向の方策と技法の適用例を示し、革新的にアプローチした書。

A5判 上製　定価：3,800円＋税

# 障害児教育におけるグループ音楽療法

ノードフ＆ロビンズ●著　林 庸二●監訳　望月 薫・岡崎香奈●訳
グループによる音楽演奏は子どもの心を開き、子どもたちを社会化する。教育現場における歌唱、楽器演奏、音楽劇などの例を挙げ、指導の方法と心構えを詳細に述べる。

A5判 上製　定価：3,800円＋税

# 音魂から奏でる—心理療法としての音楽療法入門

ハンス＝ヘルムート・デッカー＝フォイクト●著　加藤美知子●訳
生物・心理学的研究と精神分析的心理療法を背景として発達・深化してきた現代音楽療法の内実としてのその機能、さらに治療的成功のプロセスを知る絶好のテキストブック。

四六判 上製　定価：3,500円＋税

# 音楽療法最前線〔増補版〕

小松明・佐々木久夫●編
音楽療法入門に最適の1冊。「音楽はなぜ心身を癒すのか」との問いかけに、科学の眼で迫る！各トピックごとに対談形式で分かりやすく語られる。

A5判 上製　定価：3,500円＋税

# 原風景音旅行

丹野修一●作曲　折山もと子●編曲
自然と人間の交感をテーマに、医療と芸術の現場をとおして作曲された、心身にリアルに迫る待望のピアノ連弾楽譜集。CD解説付！

菊倍判変型 並製　定価：1,800円＋税

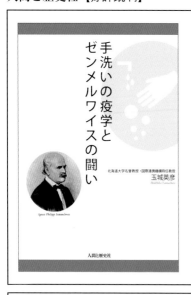

# 手洗いの疫学と
# ゼンメルワイスの闘い

玉城英彦

●歴史上初めて手洗い・消毒の重要性を訴え、接触感染による産褥熱の死から若い母親たちを守った感染防護の父・ゼンメルワイス。その悲劇の生涯を疫学的観点から検証！
●今日では常識になっている衛生に関する知識は、実は地道な疫学研究の成果である。感染防止ための手洗いは今では小学生でも常識になっているが、ゼンメルワイスの登場以前は常識ではなかった。手洗いの有効性が知られているのは、彼の壮絶な闘いの成果である。‥‥国際保健医療を目指す高校生や大学生にとくに読んで欲しい一冊である。（三重大学大学院医学系研究科・谷村晋）

A5判　並製　定価：1,800円＋税

# 醫の肖像

## 日本大学医学部コレクション

宮川美知子著
日本大学医学部同窓会編

●日本の医療の起源を史料と肖像でたどる！「唐甘伯宗歴代名医図賛」「大同類聚方」丹波康頼、山脇東洋、永富独嘯庵、華岡青洲、浅田宗伯、杉田玄白、戴曼公、緒方洪庵、松本良順、橋本左内、相良知安、三宅秀、呉秀三、山極勝三郎ほか全76篇に解説と逸話を付して読者を医の来歴へと誘う。曲直瀬玄朔の「神農像」、江戸錦絵は必見！●酒井シヅ氏「この素晴らしいコレクションが多くの人の目に触れ、愛されることを願っている」

A5判カラー　並製　定価：2,500円＋税

# 生まれ変わっても国連

## 国連36年の真実

丹羽敏之

本書は「国連の危機」といわれている現状に対し、一石を投じる書である。著者は国連幹部職員として、また国際的なオピニオン・リーダーとして長期にわたり開発・人道援助に携わった。開発援助の形態をダイナミックなプログラミングとして捉え、相互に依存している共同体との公益性、多国間・二国間の援助協調の可能性を先駆的に推進。広島に生まれ被爆。民間企業から国連に入り、日本人初のユニセフ事務局次長となった著者の開発人道活動の軌跡。国連における国際公務員を目指す者にとって、とくに人道・開発援助機関を志望する若者に一読を勧めたい。

A5判　並製　定価：3,500円＋税